U0506363

农政与发展研究丛书主编

萨图尼诺·博拉斯	荷兰鹿特丹伊拉斯谟大学
露丝·霍尔	南非西开普大学
马克斯·斯波尔	荷兰鹿特丹伊拉斯谟大学
亨利·费尔特迈尔	加拿大圣玛丽大学
叶敬忠	中国农业大学

农政与发展研究丛书　　｜小　书｜新　作｜大思想｜

农政与发展研究丛书　｜小　书｜新　作｜大思想｜

Sustainable Livelihoods
and Rural Development

可持续生计与乡村发展

〔英〕伊恩·斯库恩斯（Ian Scoones）　著

陆继霞　　　译
叶敬忠　　译校

社会科学文献出版社
SOCIAL SCIENCES ACADEMIC PRESS (CHINA)

Ian Scoones

Sustainable Livelihoods and Rural Development

Copyright © 2015 Ian Scoones

根据加拿大弗恩伍德出版社（Fernwood Publishing）和英国实际行动出版社（Practical Action Publishing Ltd）2015年版译出

新书推荐

这是一部极为重要的著作，必将成为经典，成为发展专业的必读书。它对可持续生计方法的演变历程和应用范围进行了精妙的分析与回顾，开辟了政治经济学、政治生态学和生计政治学的新领域。该书简明而全面，专业而精准，结合了多学科的视角，适合所有读者阅读。该书的分析具有原创性，并拓展了新的领域，对发展研究和发展实践做出了卓越贡献。希望该书被广泛阅读并产生重要影响。

——罗伯特·钱伯斯（Robert Chambers）
英国萨塞克斯大学发展研究所

通过对可持续生计方法的概念与应用进行独特而全面、清晰而重要的梳理，伊恩·斯库恩斯结合农政变迁的政治经济学视角，充分论述了重拾和拓展可持续生计方法在解决目前乡村贫困和不平等问题方面的核心作用。

——亨利·伯恩斯坦（Henry Bernstein）

英国伦敦大学亚非学院

伊恩·斯库恩斯的这本书结构完美：既很实用，又有挑战性；既有理论洞察力，又极具可读性；既有历史性，又有前瞻性，为学术研究和专业工作提供了很好的参考。该书对发展领域的学生和实践者也非常有价值，因为它将可持续生计方法置于现实背景之下，分析其应用的范围和局限。更为重要的是，该书让读者认识到，在发展领域，无论是学术论文写作还是行动实践工作，政治的视角和实践的视角绝非水火不容。

——安东尼·贝宾顿（Anthony Bebbington）

美国克拉克大学地理学院、英国曼彻斯特

大学发展政策与管理研究所

该书对可持续生计方法的优缺点进行了恰当评价。该方法以农政和发展研究的政治经济学传统为基础进行应用和拓展。改善穷人的可持续生计，不仅要认识到他们谋生的特殊技能，包括生计多样化以及在生产网络中不断转换并寻找落脚点，而且要减轻他们面对土地攫取、旱涝灾害、公司剥削与腐败政治时的脆弱性。

—— 西蒙·巴特伯里（Simon Batterbury）

澳大利亚墨尔本大学地理、地球与大气科学学院

丛书总序

国际农政研究会（Initiatives in Critical Agrarian Studies, ICAS）组织出版的"农政与发展研究丛书"属于"小书、新作、大思想"。其中每一部著作都是对某一特定的农政与发展主题的解读。它们源自这样一种考虑，即围绕某一特定主题，当前存在哪些主要的论点与争议？这些论点是如何出现的，又是怎样变化的，以后的走向如何？谁是这个领域的顶尖学者、思想家与政策实践者？有哪些重要的参考文献？为什么非政府组织成员、社会运动活动家、官方发展援助机构和非政府捐助机构、学生、学者、研究人员以及政策专家有必要了解书中讨论的问题？每一部著作都运用了不同国家、不同地区的真实案例，糅合了对理论和政策的讨论。

在丛书发轫之初，"农政变迁"这一宏大命题就吸引了来自五湖四海、各流各派的学者、活动家和发展实践者。"农政变迁",从广义上而言,是指一个土地—农村—农业的场域,这个场域并非独立于其他部门与地理范围而存在,而是与之有密切的关联,如工业与城市等。丛书在明显偏向劳动阶级、偏向穷人的立场之上,着重推动对"变迁"动力的理解。同时,丛书不仅希望帮助人们以不同的方式解释或再解释农政世界,而且希望改变这个世界。当代新自由主义全球化或民粹主义逆全球化的过程使农政世界发生了重大转型,我们因此需要以新的方式来理解结构环境与制度环境,以新的视角来研究如何改变这些环境。

国际农政研究会是一个世界性的组织,由农政与发展研究领域内志同道合的学者、发展实践者和活动家组成。它是一个具有批判精神的学者、发展实践者和社会运动活动家共享的空间和平台。它提倡多元的、不同的思想在这里激烈交锋。它的成立是为了在学者、发展政策实践者和社会运动活动家之间建立联系,在南北、南南之间建立联系,在农业农村部门与工业城市部门之间建立联系,在专家与非专家之间建立联系。它提倡加强知识的共同生产与分享。它鼓励批判性思维,这意味着要审视惯有的假设与已有的命题,要构想、寻求并推出新的考问方式。它鼓励投身研究和学术,强调研究与学术既要对学界有益,又要与社会关涉,更要站在穷人一边。

本丛书得到荷兰发展合作基金会（ICCO）的支持，以多种语言出版。主编包括萨图尼诺·博拉斯（Saturnino Borras）、露丝·霍尔（Ruth Hall）、马克斯·斯波尔（Max Spoor）、亨利·费尔特迈尔（Henry Veltmeyer）和叶敬忠。

┃ 前 言 ┃

伊恩·斯库恩斯的专著《可持续生计与乡村发展》是国际农政研究会（ICAS）推出的"农政与发展研究丛书"的第四部。丛书的第一部是亨利·伯恩斯坦（Henry Bernstein）的《农政变迁的阶级动力》，第二部是扬·杜威·范德普勒格（Jan Douwe van der Ploeg）的《小农与农业的艺术》，第三部是菲利普·麦克迈克尔（Philip McMichael）的《食物体制与农政问题》。这四部世界一流水平的著作都肯定了政治经济学分析视角在当下农政研究中的意义和重要性。该丛书的各部著作都具有深度的政治关怀和高度的科学严谨。

这里要对"农政与发展研究丛书"进行简单介绍，这样可以让我们更加清楚地认识伊恩·斯库恩斯的这本书在国际农政研究会学术工程和政治理想中的重要意义。

今天，全球贫困问题在很大程度上发生在农村，农村贫困人口占世界总贫困人口的 3/4。因此，全球贫困以及消除全球贫困这一多维度议题（涉及经济、政治、社会、文化、性别和环境等多方面）就与农村劳动人民的抗争紧紧地结合在一起。他们抗争的对象是不断制造和再生产农村贫困现状的体制，抗争的目的是获得可持续的生计。在此背景下，农村的发展成为整体发展思考中的重要部分。然而，这并不意味着将农村问题与城市问题割裂开来。我们面临的挑战恰恰是如何更好地理解这些问题之间的关联，而新自由主义政策或民粹主义逆全球化为农村贫困设计的脱贫之路，以及国际主流金融机构与发展机构为全球贫困之战投入的努力，只是简单地将农村贫困置换为城市贫困。

凭借财阀的资助，一些主流思想一直控制着农政研究活动的开展和成果的出版。诸多宣扬这些主流思想的机构（如世界银行）非常善于编写和推广政策导向的、通俗浅显的出版物，使之在全球范围四处传播，并借此对世界范围的农政研究颐指气使。世界顶尖学术机构中的一些批判思想家正以多种方式对这股主流趋势发起挑战，然而，他们的著述大多囿于学术圈，普通大众知晓甚少，影响力有限。

无论是在南方国家还是在北方国家，研究者（如教师、学者和学生）、社会运动活动家和发展实践者都迫切需要带有批判视角的农政研究著作。这些著作除了应当科学严谨和具有政治关怀，还应该紧扣政策、明白易懂，且价格实惠。为了满足这一需求，国际农政研究会与荷兰发展合作基金会合作推出这套前沿性的著作。这些著作围绕特定的农政与发展主题，研究和讨论与之相关的一些主要问题。

"农政与发展研究丛书"以多种语言出版。除英文版，还有中文、西班牙文、葡萄牙文、印度尼西亚文、泰文、意大利文、日文、韩文和俄文等多种语言版本。中文版由中国农业大学人文与发展学院的叶敬忠负责翻译出版。西班牙文版由墨西哥萨卡特卡斯自治大学的劳尔·德尔加多·怀斯（Raúl Delgado Wise）、西班牙巴斯克地区农民协会（比斯开省）的哈尔莱斯·伊图尔韦（Xarles Iturbe）和玻利维亚铁拉基金会的贡萨洛·科尔克（Gonzalo Colque）负责。葡萄牙文版由巴西圣保罗州立大学的贝尔纳多·曼卡诺·费尔南德斯（Bernardo Mançano Fernandes）和巴西南大河州联邦大学的塞尔吉奥·施奈德（Sergio Schneider）负责。印度尼西亚文版由印度尼西亚加札马达大学的拉克希米·莎维德丽（Laksmi Savitri）负责。泰文版由泰国清迈大学的查央·瓦达纳普提（Chayan Vaddhanaphuti）负责。意大利文版由意大利卡拉布里亚大学的亚历山德拉·科拉多（Alessandra Corrado）负责。日文版由日本京都大学的久野秀二（Shuji Hisano）、近畿大学的池上甲一（Koichi

Ikegami）和明治学院大学的舩田·克莱森·萨雅卡（Sayaka Funada-Classen）负责。韩文版由韩国农业与农民政策研究所的宋元揆（Wonkyu Song）负责。俄文版由俄罗斯联邦总统国民经济与国家行政学院的提奥多·沙宁（Teodor Shanin）和亚历山大·尼库林（Alexander Nikulin）负责。

鉴于本丛书的背景和目标，我们非常荣幸能够将伊恩·斯库恩斯关于可持续生计与乡村发展的著作，作为这一系列的第四部推出。本丛书的前四部著作真是一个完美的组合，非常契合丛书的主题，可读性强，观点中肯且行文严谨。我们欢欣满溢，对本丛书的光明前景充满信心！

萨图尼诺·博拉斯

露丝·霍尔

马克斯·斯波尔

亨利·费尔特迈尔

叶敬忠

2015 年 3 月

| 自 序 |

撰写一本小书，并非易事。一部分原因在于对篇幅的要求：必须简短，必须在规定的字数范围内论述很多内容；另一部分原因在于这个主题比较复杂，正规和非正规渠道的文献资料都更新很快；还有一部分原因在于，我既要与这些文献资料保持一定距离，又是这些文献资料的生产参与者。

20 世纪 90 年代，我积极而深入地参与了在发展工作中应用生计方法的讨论。我主持的很多研究课题将生计方法作为核心框架，包括"环境权利"研究以及1996—1999 年英国萨塞克斯大学发展研究所（Institute of Development Studies，IDS）的重大课题——"可持续农村生计"项目。但自那以后，我没有进一步关注，因为在我看来，关于"方法"、"框架"和政策干预的很多讨论已经不再有什么新意。当然，我在非洲开展的关于土地和生计的实地研究还是将生计方法作为核心框架，我目前在津巴布韦开展的土地改革之后的生计研究也是如此。

所以，让我 10 年后再回过头来讨论生计方法的应用、价值和局限性，我感到诚惶诚恐。这一工作（本书撰写）始于 2008 年在萨塞克斯大学发展研究所召开的生计方法 10 周年研讨会；2009 年，我在《农民研究》（*The Journal of Peasant Studies*）杂志上发表了一篇文章；2013—2014 年，我撰写了这本小书。这本书的内容是在那篇文章的基础上完成的。撰写本书的过程既令人着迷，又充满挑战。经历这个过程后，与 1998 年我撰写关于生计方法基本框架的文章时相比，我更加坚信生计方法的重要性。与此同时，我也更加坚信，生计分析需要引入政治学视角，并将微观的地方性背景和宏观的社会结构变迁纳入分析过程。

本书旨在将这些思考和观点传递给广大读者。我希望本书通俗易懂，尽管其中包含大量文献，但我尽可能简明扼要，并告诉读者在哪些方面可以进行拓展，以及如何拓展。我希望本书不会成为手册或指南，也不会提供规定性的框架或方法。相反，鼓励大家提出问题并进行讨论，希望推动在 20 世纪 90 年代和 21 世纪初曾经非常活跃而后几乎陷入停滞的生计方法继续向前发展。

本书传递的观点非常明确：生计方法是我们研究和

处理农村发展、贫困和福祉问题的重要视角，但生计方法的应用，需要更好地把握农政变迁的政治经济学。在批判性农政研究的基础上，本书提出一些新的问题，旨在挑战和延展早期的生计框架。本书还提出生计政治的四个新维度：利益政治、个体政治、知识政治和生态政治。这些维度要求我们对农村和农政问题进行新构想，这将对思想和行动产生深远影响。

生计方法从来没有打算为发展研究提供新的元理论。相反，它从地方层面开始，聚焦特定问题。虽然"大理论"的时代可能已经过去，但是发展研究和发展行动仍然需要理论和概念支撑。本书探讨了生计方法与批判性农政和环境研究在实践和政策层面的联系。在此方面，关于知识、政治的理论以及政治经济学都很重要。本书展示了这些理论和概念如何丰富和扩展了生计方法中的研究问题和分析工具。我希望借此在各种被割裂的讨论之间实现交流，在实践和理论之间实现结合。

本书难免会借鉴多年来我和我同事的研究成果。尽管我已经尽可能多地加进其他文献中的案例，但本书还是以非洲案例居多。我知道世界范围内还有很多案例可以借鉴，希望读者对自己的实践进行思考，积累更加丰富的应用生计方法的田野范例和工作案例。

本书是为研究世界各地复杂农村问题的学生、研究者和实践者撰写的。书中的许多观点同样可用于城市研究，但由于我的研究重点是农村，所以我的论述也集中在农村背景之下。我每年都会收到世界各地学生发来的大量邮件，征询我对他们的研究和实践的建议。这些问题通常不容易回答，因为对于农村面临的各种困境而言，并没有什么简单易行的解决办法。我希望本书对那些未来从事既令人兴奋又具有挑战性的农村生计研究、农政变迁研究和可持续性研究的学生，有所助益。

伊恩·斯库恩斯
英国萨塞克斯大学发展研究所
2015 年 2 月

| 致　谢 |

　　本书的撰写得益于很多人的卓见，以及我与他们之间的交流。在此，我无法对所有人一一表示感谢。20世纪80年代，在我攻读硕士和博士学位期间以及参加工作之后，罗伯特·钱伯斯（Robert Chambers）和戈登·康韦（Gordon Conway）一直都在鼓励我研究生计问题。那时，杰里米·斯威夫特（Jeremy Swift）在萨塞克斯大学发展研究所主持一项研究课题，1998年建立的生计框架便是课题成果之一。与此同时，在萨塞克斯大学发展研究所"环境小组"的同事梅利莎·利奇（Melissa Leach）、罗宾·默恩斯（Robin Mearns）、詹姆斯·基利（James Keeley）和威廉·沃尔默（William Wolmer）支持下，我们开展了"环境权利"和政策过程研究。该研究强调了政治和制度在生计分析中的重要性。

　　地方性知识和公民参与是我与约翰·汤普森（John

Thompson）以及其他同事开展的"农民为先"工作的核心。将生计与发展、可持续性、政治联系起来，一直是萨塞克斯大学"英国经济与社会研究委员会社会技术环境可持续发展中心"（ESRC STEPS Centre）的工作重点。在过去十几年里，我有幸与梅利莎·利奇和安迪·斯特林（Andy Stirling）一起主持这个中心的工作。近年来，关于土地攫取和"绿色攫取"的研究推动了农业政治经济学的发展。世界各地的许多同事参与了这一工作，包括土地交易政治研究网络（Land Deal Politics Initiative, LDPI）、《农民研究》杂志和未来农业联盟（Future Agri-cultures Consortium）的很多成员或工作人员。

30 多年来，我参与的大量研究项目以及世界各地的许多同事、学生和研究伙伴给了我很多启发和挑战，并教会了我很多。我最应该感谢的是多年来与我一起工作的那些农村人，尤其是生活在津巴布韦南部地区的那些村民。我在那里工作了近 30 年，开展有关土地、农业和农村发展的研究。他们不断提醒我，生计是复杂、多样的，尤其还是政治的。我在津巴布韦开展田野调查的研究伙伴 B.Z. 马韦曾格（B. Z. Mavedzenge）和费利克斯·穆林巴林巴（Felix Murimbarimba）对我的思想影响深远。

完成本书的撰写工作，靠的是我在萨塞克斯大学发展研究所由于超负荷工作而积累的"工分结余"，以及由此换来的 2013—2014 年的学术休假。在此期间，我在中国农业大学人文与发展学院、加纳大学地理系和萨塞克斯大学发展研究所讲述了本书的一些观点，听众的反馈和建议非常有用。此外，西蒙·巴特伯里（Simon Batterbury）、亨利·伯恩斯坦（Henry Bernstein）、安东尼·贝宾顿（Anthony Bebbington）和罗伯特·钱伯斯对书稿的审评建议让我受益匪浅。

　　最后，我要感谢妮可·麦克默里（Nicole McMurray）帮助编辑书稿，感谢萨图尼诺·博拉斯几年来一直耐心地提醒我该交书稿了。

目 录

第一章　生计视角简史 ／ 1

　生计思维 ／ 3

　可持续农村生计 ／ 8

　关键词 ／ 13

　核心问题 ／ 16

第二章　生计、贫困与福祉 ／ 22

　理解生计的思想基础 ／ 25

　测量生计 ／ 27

　评估不平等 ／ 32

　多维方法 ／ 33

　参与式与民族志方法 ／ 35

　贫困与生计变化 ／ 41

1

权利、赋权与不平等　/　45

小　结　/　46

第三章　生计框架与超越　/　49

生计背景与生计策略　/　54

生计资产、资源与资本　/　56

生计变化　/　59

政治与权力　/　60

框架拓展　/　62

小　结　/　65

第四章　获取与控制：制度、组织和政策过程　/　66

制度与组织　/　67

机会与排斥　/　74

制度、实践与能动性　/　76

差异、承认与声音　/　79

政策过程　/　80

打开黑箱　/　86

第五章　生计、环境与可持续性　/　87

人与环境的动态关系　/　90

资源稀缺：超越马尔萨斯　/　91

非平衡生态系统　/　95

作为适应性实践的可持续性　/　97

生计与生活方式　/　99

可持续性的政治生态学　/　102

重构可持续性：政治与谈判　/　105

第六章　生计与政治经济学　/　107

多样性的统一　/　108

阶级、生计与农政变迁　/　112

国家、市场与公民　/　115

小　结　/　117

第七章　提出恰当问题：扩展生计分析法　/　118

政治经济学与农村生计分析：六个案例　/　121

新主题　/　134

小　结　/　136

第八章　生计分析方法　/　139

混合方法：超越学科局限　/　140

生计评估的操作性方法　/　144

迈向生计的政治经济学分析　/　146

挑战偏见　/　148

小　结　/　153

第九章　找回政治：生计视角的新挑战　/　154

利益政治　/　156

　　个体政治　／　157

　　知识政治　／　159

　　生态政治　／　161

　　新生计政治　／　162

参考文献　／　165

术　语　表　／　208

人　名　表　／　214

| 第一章 |

生计视角简史

在过去几十年里，生计视角在农村发展领域变得愈加重要。本书在农政变迁的背景下，对生计视角进行回顾，并探讨它对研究、政策和实践的影响。在一本简短的小书中探讨宏大思想，不可能事无巨细。本书旨在为读者提供一些洞见和观点，以推动对生计、农村发展和农政变迁的深入讨论和研究。

关注生计并不是新近的事情。几十年来，对于农村发展研究和实践来说，最重要的视角便是理解人们在不同的社会背景和现实环境中是如何谋生的。这种视角是综合性的、整体性的、自下而上的。从殖民时期的地方实践到20世纪80年代的综合农村发展，再到当代的援助政策，生计视角将政府的发展计划和地方的发展实践整合了起来。今天，生计思维正在被不断重塑，以应对新的挑战，如"气候适应""灾害风险降低""社会保护"等做法。

图 1-1 和图 1-2 展示了"生计"（livelihoods）和"可持续生计"（sustainable livelihoods）这两个术语在图书和期刊文献中的使用情况，整体呈上升趋势，尤其是在 20 世纪 90 年代以后，使用数量的增加非常显著。

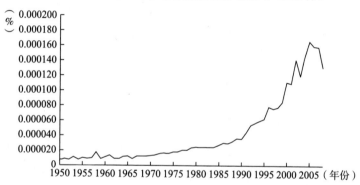

图 1-1　1950—2008 年"生计"术语在图书中的使用情况

（在电子版谷歌图书中的占比）

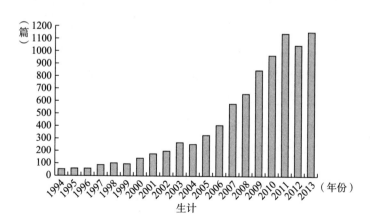

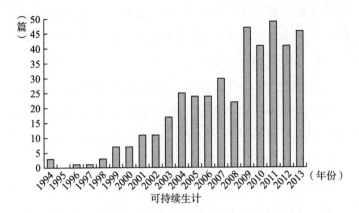

图 1-2　1994—2013 年包含"生计"和"可持续生计"两个术语的期刊论文数量

资料来源：汤森路透公司的科学引文数据库（Thomson Reuters Web of Science）。

但有时候，人们过于热衷生计方法、框架和概念本身，而分析不够严谨、概念不够清晰。当我们谈论农村生计时，它具体指什么？哪些分析视角可以为我们的实地研究提供帮助？哪些分析框架可以指导政策设计和行动实践？本书试图对这些问题进行回答。

生计思维

研究生计思想谱系的学者认为，生计方法始于 1991 年罗伯特·钱伯斯和戈登·康韦合作发表的那篇非常有影响力的工作论文。但事实远非如此。在此之前，跨学科的生计视角已有丰富且重要的历史，对后来的发展研究和发展实践影响深远。

19世纪20年代，威廉·科贝特（William Cobbett）在英格兰的南部和中部地区骑马旅行，通过"观察乡村现实状况"反映其政治抱负。这在他的游记《骑马乡行记》中有所记载（Cobbett 1853）。我在本书的后半部分也会提出，卡尔·马克思（Karl Marx）在他著名的《政治经济学批判大纲》中为我们使用生计方法指明了重要方向（Marx 1973）。早期的地理学和社会人类学研究曾关注"生计"或"生活方式"（Evans-Pritchard 1940；Vidal de la Blache 1911；Sakdapolorak 2014）。而研究经济转型中社会和市场关系的卡尔·波兰尼（Karl Polanyi 1944），在去世前正在撰写《人的生计》一书（Polanyi 1977；Kaag et al. 2004）。20世纪40—50年代，位于当今赞比亚的罗德斯－利文斯通研究所（Rhodes-Livingstone Institute）就已经开展我们现在称为"生计研究"的有关工作。该研究由生态学家、人类学家、农学家和经济学家携手合作，考察不断变化的农村生产系统及其面临的挑战（Werbner 1984；Fardon 1990）。虽然当时的研究并未贴上生计的标签，但研究工作本身就是典型的生计分析，是综合的、嵌入地方的、跨部门的分析，并以深入的实地调查和行动实践为基础。

在此之后，这些视角和观点并没有主导发展研究，相反，现代化理论影响了发展的话语，单一学科视角越来越占据主导地位。发展政策越来越受到经济学家的影响，而不是过去的那些农村发展专家和了解地方实践的管理人员。通过构建供给—需求、投入—产出等预测模型，微观经济学和宏观经济学满足了时代的需要。二战后的发展机构——世界银行、联合国系统、双边发展组织以及世界各地新独立的国家政府——将经济学与自然科学、医学和工程科学等专业技术学科联结起来，掌握了发展政策设计的霸权。总的来说，发展中的社会科学专业知识，尤其是跨学科视角的生计方法，在那时被搁置一边。尽管激进的马克思主义学者从宏观层面对后殖民时期资本主义政治和经济关系开展研究，但他们很少从微观层面对特定而具体的生计现实进行研究。

当然，也有一些例外，如经济学和马克思主义领域的一些学者，尤其是从事农业经济和地理学研究的部分学者，在生计研究领域还是做出了一些贡献。此外，与农村的经济学研究相比，农村的综合性研究一直保持着重要传统（Lipton and Moore 1972；Harriss 2011）。例如，在印度，关于绿色革命给农村带来多重影响的研究已经成为系列经典（Farmer 1977；Walker and Ryan 1990）。尽管这些研究十分强调对农业生产微观经济学和家庭积累模式的考察，但它们在许多方面可以被看作生计研究。

诺曼·龙（Norman Long）在荷兰瓦赫宁根大学创立了
独具特色的瓦赫宁根学派。他的以行动者为导向的研究
方法（actor-oriented approach）突出强调了他对赞比亚的
研究中所包含的生计策略的内容（Long 1984；De Haan
and Zoomers 2005）。在同一时期，其他理论传统的一些
研究也为理解富有争议的生计变迁模式提供了重要见解。
例如，迈克尔·沃茨（Michael Watts）在尼日利亚北部
农村开展了生计变迁研究，其研究成果《沉默的暴力》
已经成为一部经典（Watts 1983）。

这些都为后来更大范围的生计研究工作提供了重要
灵感。20 世纪 80 年代，建立在村庄综合性研究基础上
的家户研究和农事系统研究，成为发展研究领域的重要
组成部分（Moock 1986）。这些研究尤其侧重对家庭内
部变化动力的考察（Guyer and Peters 1987）。那时，许多
国家鼓励开展农事系统研究（farming systems research），
目的是对农业问题做出综合的、系统的分析。后来，农业
生态系统分析（Conway 1985）以及快速农村评估（rapid
rural appraisal，RRA）、参与式农村评估（participatory
rural appraisal，PRA）（Chambers 1994）等方法都增加了
田野研究的工具和风格。

以生计和环境变迁为主题的研究也非常重要。地理
学家、社会人类学家和社会经济学家对生态变化、历史
变迁、性别分化、社会分化和文化传统的研究，为这一

时期的农村发展研究提供了一系列内容丰富、影响巨大的学术成果[1]。这说明环境与发展以及面对生计压力而形成的应对策略和适应方式，都是重要的研究主题。

这类研究不仅与马克思主义政治地理学的研究有很多重叠，还有另一条知识脉络，即政治生态学（political ecology）[2]。政治生态学虽然存在许多分支和变体，但其从根本上关注社会结构、政治力量和生态变化的交叉关系。政治生态学在很大程度上强调地方层面的田野研究，以理解不同生计活动的复杂现实。与此同时，它也重视与宏观结构进行联系分析。

20 世纪 80—90 年代的环境与发展运动，促使人们将减贫和发展工作与长期的环境冲击和环境压力联系起来进行研究。1987 年《布伦特兰报告》（WCED 1987）发布之后，"可持续性"一词被正式编入词典，并在 1992 年里约热内卢联合国环境与发展大会之后成为核心的政策议题（Scoones 2007）。可持续发展议程常常以一种令人不安的方式，将生计问题（地方人口的优先需求，也是《21 世纪议程》的核心内容）与全球环境议题（已载入联合国有关气候变化、生物多样性、防治荒漠化等公约）结合在一起。此后，这些问题又在关于社会生态系统、韧性和可持续发展等的跨学科研究中得到进一步推进（Folke et al. 2002；Gunderson and Holling 2002；Clarke and Dickson 2003；Walker and Salt 2006）。

如此一来，所有这些方法——村庄综合研究、农户经济分析、性别分析、农事系统研究、农业生态系统分析、快速农村评估、参与式农村评估、社会环境变迁研究、文化生态学、政治生态学、可持续发展、韧性研究（以及其他许多研究分支和变体[3]）——从自然科学和社会科学的多学科视角，将复杂的农村生计问题与政治、经济和环境过程进行交叉研究，并提出了许多洞见。这些方法各有自己的研究侧重和学科关切，且以不同的方式参与农村发展政策设计和行动实践，也或多或少产生了一些影响。

可持续农村生计

20 世纪 80 年代末，人们将"可持续""农村""生计"三个词语关联在一起，从而对生计思维兴趣陡增[4]。据说，把这三个词语关联在一起，是 1986 年在日内瓦的一家酒店里讨论布伦特兰委员会 2000 年的粮食报告时产生的想法[5]。在此报告中，M. S. 斯瓦米纳坦（M. S. Swaminathan）和罗伯特·钱伯斯等人提出了以农村贫困人口的需求为出发点、以人为中心的发展愿景（Swaminathan 1987）。这是钱伯斯著述中的核心思想。尤其是，在他极具影响力的著作《农村发展：以末为先》（Chambers 1983）中，该思想更为突出。钱伯斯曾在一些地方担任地方发展官员和综合研究项目主管，这些经历对他的思想影响深远（Cornwall and Scoones 2011）。与此同时，在国际环境与发展研究所（IIED）一位富有远见的所长——理查德·桑德布鲁克（Richard Sandbrook）倡议下，可持续生计成为该所 1987 年组织的一次研讨会的主题（Conroy and Litvinoff 1988）。为了这次会议，钱伯斯还撰写了一篇综述文章。

但直到 1991 年，钱伯斯和康韦才在共同为萨塞克斯大学发展研究所完成的一篇工作论文中，提出今天被广泛采用的可持续生计的定义：

> 生计包括获得生活资料的能力、资产（包括物质资源和社会资源）和活动。如果一种生计能够应对压力和冲击，并能从中得以恢复，且可以维持或增强其能力，维持或增加其资产，同时不破坏自然资源基础，这种生计就是可持续的。（Chambers and Conway 1991：6）[6]

这篇工作论文被认为是 20 世纪 90 年代后期人们所熟知的"可持续生计方法"（sustainable livelihoods approach，SLA）的起点。当时，撰写这篇工作论文的目标并没有那么远大，论文内容源自两位作者之间的对话，他们看到了发展实践中"以末为先"思维（Chambers 1983）与农业生态系统和可持续发展之间存在重要联系（Conway 1987）。该篇工作论文被人们广泛阅读[7]，但也仅此而已，对当时的主流发展思想并未产生什么影响。

其实，当时在关于经济改革与新自由主义政策的激烈论战中，人们并没有十分关注地方性知识、发展优先序和可持续性等系统问题。尽管也有一些反思性的书籍和论文，但 20 世纪 80 年代开始的新自由主义转向，有效地压制了人们对新自由主义之外的其他替代方案的讨论。在 1995 年哥本哈根召开的"社会发展世界峰会"（World Summit for Social Development）前后，曾出现一些对生计、就业和贫困问题的讨论[8]，然而总的来说，生计方法依然处于边缘位置。虽然当时提出关注地方参与和生计问题的一系列参与式思想，但与当时的"国家退出"和"需求导向"等政策话语一样，常常被纳入新自由主义范式。当然，这对有些人来说，又成了"新暴政"（new tyranny）的一部分（Cooke and Kothari 2001）。同样，可持续发展话语也常常成为以市场为导向的发展方案和自上而下的、工具性的全球环境治理的组成部分（Berkhout et al. 2003）。而事实上，对复杂生计、环境变化、减贫等发展主题的关注仍然处于边缘位置。

但是，到了 20 世纪 90 年代后期和 21 世纪初，这一情况发生了变化。"华盛顿共识"（Washington Consensus）程式化的发展方案开始受到挑战，如 1999 年世界贸易组织部长级会议期间的街头抗议（即“西雅图运动”）、2001 年在巴西阿雷格里港举办的世界社会论坛（World Social Forum）上由全球社会运动引起的争论以及在学术领域诸如阿玛蒂亚·森（Amartya Sen）和约瑟夫·斯蒂格利茨（Joseph Stiglitz）等学者对经济学的批评等。同时，一些实行新自由主义改革的国家，经济并未反弹，国家能力反而被严重削弱，这也对新自由主义提出了挑战。在英国，1997 年的大选是影响发展问题论辩的关键事件。随着工党新政府的组建，国际发展署（Department for International Development，DfID）得以成立。新部长克莱尔·肖特（Clare Short）很负责任，且善于表达自己的观点。他领导下的国际发展署还发布了一份聚焦贫困和生计问题的白皮书（Solesbury 2003）[9]。

该白皮书强调，要将“可持续农村生计”作为发展工作的优先选项。事实上，那时的英国政府在这方面的确开展了许多工作，有几个研究项目得以实施，其中就包括由萨塞克斯大学发展研究所主持的关于可持续农村生计的一项课题，研究地点包括孟加拉国、埃塞俄比亚和马里。负责此课题的是一个多学科研究团队。该团队一直在进行生计变迁的比较研究，并制定了一个图示的清单，以将实地调研中的各种因素串联起来（Scoones 1998）。该团队参考了国际可持续发展研究所（International Institute for Sustainable Development）（Rennie and

Singh 1996）和国际发展学会（Society for International Development）（Almaric 1998）的开创性成果。除此之外，该团队还充分借鉴了萨塞克斯大学发展研究所关于"环境权利"（environment entitlement）的研究成果。这项关于环境权利的研究以阿玛蒂亚·森的核心思想为基础（Sen 1981），强调了制度在资源获取中的作用，而非简单地关注生产和富足问题（Leach et al. 1999）。

在萨塞克斯大学发展研究所，与可持续农村生计研究课题一样，环境权利研究工作吸引了经济学的同行参与，旨在对资源获取以及农村发展与环境变化的组织和制度问题开展讨论（见第四章）。环境权利研究借鉴了道格拉斯·诺斯（Douglass North 1990）的研究成果，采用了制度经济学和环境动力学的话语（尤其是从"新生态"的角度）（Scoones 1999），还参考了社会人类学和政治生态学的视角。它与安东尼·贝宾顿（Anthony Bebbington 1999）的研究遥相呼应。贝宾顿也借鉴阿玛蒂亚·森的经典成果，开发了"资本与可行能力"的分析框架，以考察安第斯山脉地区的农村生计和贫困问题。

总之，发展是一个跨学科的研究主题，这必须让经济学家明白。经济学家直到最近才发现，制度——或者至少是一种特定的个体主义的、理性行动者的版本——以新制度经济学的形式而存在（Harriss et al. 1995），社会关系和文化被定义为社会资本（Putnam et al. 1993）。

在此情况下，即便更多使用经济学术语，我们也可以针对发展问题开展富有成效的讨论和对话。因此，无论是环境权利方法（Leach et al. 1999）还是其更受欢迎的"近亲"——可持续生计框架（Carney 1998；Scoones 1998；Morse and McNamara 2013），都突出强调了在社会—制度过程中影响生计问题的经济属性。尤其是，可持续生计框架将投入（即"资本"、"资产"或"资源"）和产出（生计策略）联系起来，再与结果联系起来，这样就可以将人们熟悉的主题（贫困线和就业水平）与宽泛的理论（福祉和可持续性）联系在一起（见第二章）。所有这些方面，都受到社会、制度和组织过程的影响。

关键词

"可持续农村生计"（或称作"农村生计"、"可持续生计"或简单的"生计"）已经成为发展研究和发展干预的一种特殊方法。如下文（见第三章）所讨论的，研究课题、项目经费、咨询培训等活动随之井喷式地增加。作为"边界术语"（boundary term）（Gieryn 1999；Scoones 2007），其相关概念、方法和视角，能够使人们跨越学科、部门和机构的分野而聚集在一起，并由此创造出一个实践共同体——虽然彼此之间肯定存在多样化、分化和差异，但仍然可以看作清晰的共同体。

为了对相关讨论有清楚的认识，图 1-3 展示了钱伯斯和康韦（Chambers and Conway 1991）关于可持续生计那篇经典工作论文的词云图。

图 1-3　钱伯斯和康韦工作论文的词云图

该词云图展示了相关概念的重要性，如资产、获取、资源、能力、农村、收入、贫穷、社会、未来、冲击、世代、全球等。文框 1-1 列出了"生计方法"在一系列主题讨论中的新应用，每个都加上了特别推荐的参考书目（其实每个主题讨论均有一整套的参考文献）。

文框 1-1　生计方法的应用

- 农业（Carswell 1997）

- 动物遗传资源（Anderson 2003）

- 水产养殖（Edwards 2000）
- 生物多样性保护（Bennett 2010）
- 气候变化（Paavola 2008）
- 冲突（Ohlsson 2000）
- 灾害（Cannon et al. 2003）
- 能源（Gupta 2003）
- 林业（Warner 2000）
- 土著人口（Davies et al. 2008）
- 灌溉（Smith 2004）
- 海洋（Allison and Ellis 2001）
- 移动通信技术（Duncombe 2014）
- 自然资源管理（Pound et al. 2003）
- 营养与食物安全（Maxwell et al. 2000）
- 游牧业（Morton and Meadows 2000）
- 移民安置（Dekker 2004）
- 河流流域管理（Cleaver and Franks 2005）
- 农村市场（Dorward et al. 2003）
- 卫生（Matthew 2005）
- 社会保护（Devereux 2001）
- 贸易（Stevens 2003）
- 城镇发展（Rakodi and Lloyd Jones 2002；Farrington et al. 2002）
- 价值链（Jha et al. 2011）
- 水资源（Nicol 2000）

现在，生计方法似乎可以应用于一切领域，如畜牧业、渔业、林业、农业、卫生、城市发展等。20 世纪 90 年代末以来，大量标榜为可持续生计研究的论文快速出现。当生计方法逐渐变成发展规划的核心工具时，人们试图将其与活动指标（Hoon et al. 1997）、监测评估（Adato and Meinzen-Dick 2002）、部门战略（Gilling et al. 2001）、减贫战略（Norton and Foster 2001）等联系起来。但是，更有趣的应用或许是采用生计方法来开辟对那些前沿主题的新研究。这样，对艾滋病问题的研究就从以健康为中心转化为以生计为中心（Loevinsohn and Gillespie 2003）。因此，生计多样化、外出务工和非农收入等生计策略都成为农村发展的核心抓手（Tacoli 1998；De Haan 1999；Ellis 2000）。此外，对突发事件、冲突和灾害应对等复杂领域的研究，也可以采用生计方法来开展（Cannon et al. 2003；Longley and Maxwell 2003）。

核心问题

需要说明的是，本书既不关注援助机构的狂热追捧，也不关注稍纵即逝的学术时尚，更不关注生计方法在各种主题中的应用。相反，本书关注的是一些基本概念问题，这些概念是理解农村现实和农政变迁的关键。本书借鉴了到目前为止对生计方法的所有研究成果，但更希望拓展生计方法的深度，希望生计方法既是发展研究的工具，也成为发展行动的基础。

在任何情况下，生计问题都极其复杂。生计有多个维度。例如，乡村生计不仅包括农业和农耕，还包括一系列乡村雇工等非农活动。乡村生计与城镇的联系也很重要，如外出务工。生计可以是一系列复杂内容的完整组合（Chambers 1995）或部分拼合（Cleaver 2012；Batterbury and Warren 1999；Croll and Parkin 1992），它跨越时间与空间，将不同的生计要素结合在一起。正如钱伯斯形容的"刺猬和狐狸"那样（Chambers 1997a），有的人生计非常专一，有的人生计更加多样。

亨利·伯恩斯坦（Henry Bernstein）指出，很多人必须通过以下途径为自己谋求生计，即：

> 通过不牢靠的、受压榨的、日益"非正式的"雇佣工作和一系列不稳定的、小规模的、无保障的"非正式部门"活动养家糊口，包括农业；事实上，生计就是雇佣工作和自我雇用的多种复杂组合。很多贫穷劳动者为了获得生计而跨越劳动分工的不同场所：城市和农村、农业和非农业、雇佣工作和自我雇用。这就打破了那些传统的、固定不变的、统一的诸如"工人""农民""商贩""城市""农村""雇用""自我雇用"等身份或概念。（Bernstein 2009：73）

17

弗兰克·埃利斯（Frank Ellis 2000）强调指出，考察农村生计必须分析不同的生计策略，农耕活动只是农户家庭的生计策略之一。在农政变迁过程中，农业生产与其他生计活动已经联系在一起，非农活动的作用日益重要（Haggblade et al. 2010）。随着人口流动模式的变化、农村和城市联系的变化以及全球人口流动范围的扩大，以外部汇款为主要形式的资源流动显得非常重要（McDowell and De Haan 1997）。随着宏观经济的变化，农村地区也在发生变化，出现去农业化（Bryceson 1996）、"自由"劳动阶级（Breman 1996）等现象，以及某些群体迁移到城镇或其他地区而导致的特定地区人口虚空现象（Ye and Pan 2011）。在有些农村地区，采矿业（Bebbington et al. 2008）或大规模农业投资（White et al. 2012）等新兴经济活动的出现，使小农农业让位于雇佣就业，导致农户生计发生重大变化。无论是在南方还是在北方，我们都看到了宏观经济变化带来的农村结构的重大变化。所有这些都在以剧烈的方式重塑农户生计。在生计方法中，特定条件下的特定生计和宏观的结构性因素紧密关联。这是亨利·伯恩斯坦、本·克罗（Ben Crow）和黑兹尔·约翰逊（Hazel Johnson）在1992年合作编著的《农村生计：危机与应对》中的重要观点（Bernstein et al. 1992）。这是英国开放大学的一部优秀教材，但经常被忽视。

在任何特定条件下，我们都需要考问："我们讨论的是什么生计?"用著名儿童文学作家理查德·斯凯瑞(Richard Scarry)的话来说,就是要探索"人们整天都在忙碌什么?"我们需要考察"这是谁的生计",并且要研究与之相关的社会关系和社会分化过程。我们需要发问"生计是在哪里实现的",进而讨论与之相关的生态、地理和领地问题。我们需要考察时间维度,询问生计的季节性和年际变动。我们需要超越描述性评价,探问为什么某种特定的生计是可能的,其他的生计则不行。这就需要分析导致贫困、剥夺和弱势的深层原因,需要了解影响生计和创业的制度与政治过程(O'Laughlin 2004)。

这些问题并不简单。事实上,这些问题与马克思、列宁、卡尔·考茨基(Karl Kautsky)等人论述的农业政治经济学的核心主题密切相关,因此也与他们研究的一些经典问题密切相关,如农民阶级是如何产生的,以及在不同政治经济条件下不同群体之间的关系是如何影响人们生活的(Bernstein 2010a,b)。我将在第六章指出,我们必须将这些悠久的学术传统与新近对生计的研究紧密结合起来,进行深入分析。

接下来,我将对生计结果(livelihood outcome)展开讨论,即人们从多样而不同的生计活动中得到了什么,这些结果是如何分配的,人们是如何提出需求、愿望和欲望的?为此,我将结合研究贫困、福祉和能力的丰富文献,讨论生计问题。

注　释

[1] 例如，在非洲的研究可参考理查兹（Richards 1985）、莫蒂莫尔（Mortimore 1989）、戴维斯（Davies 1996）、费尔黑德与利奇（Fairhead and Leach 1996）、斯库恩斯等（Scoones et al. 1996）、莫蒂莫尔与亚当斯（Mortimore and Adams 1999）、弗朗西斯（Francis 2000）、巴特伯里（Batterbury 2001）、霍姆伍德（Homewood 2005）等的成果，早期对文化生态学的研究可参考拉帕波特（Rappaport 1967）、内廷（Netting 1968）的成果。

[2] 参考布莱基（Blaikie 1985）、布莱基与布鲁克菲尔德（Blaikie and Brookfield 1987）、罗宾斯（Robbins 2004）、福赛思（Forsyth 2003）、皮特与沃茨（Peet and Watts 1996）、皮特等（Peet et al. 2011）、齐默勒与巴西特（Zimmerer and Bassett 2003）、布赖恩特与贝利（Bryant and Bailey 1997）等的成果。

[3] 包括一些关于"农业系统"的法文文献（Pelissier 1984；Gaillard and Sourisseau 2009）。

[4] 该部分选自斯库恩斯的研究成果（Scoones 2009）。

[5] 罗伯特·钱伯斯指出，这一想法其实很早就提出过，包括他为1975年英联邦部长级会议撰写的一篇题为《未来农村生计政策》的文章。

[6] 这是经过斯库恩斯（Scoones 1998）、卡尼等（Carney et

al. 1999）以及其他学者修订的定义。

[7] 根据"谷歌学术"统计，截至 2014 年 11 月，该篇工作论文被引 2671 次。

[8] 参见联合国网页：http://www.un.org/esa/socdev/wssd/。

[9] 参见英国国际发展署网页：http://www.dfid.gov.uk/Pubs/files/whitepaper1997.pdf。

| 第二章 |

生计、贫困与福祉

生计分析的核心是要了解谁是穷人、谁是富人以及为什么会如此。在这个世界上，贫困主要发生在农村和某些特定的地区，生计机会不平等普遍存在（Picketty 2014）。保罗·科利尔（Paul Collier）指出，"最底层的十亿人"是一个亟须关注的群体，对这一群体进行研究并采取行动非常重要。然而，为什么在 21 世纪初仍有这么多人被困于社会底层，这是一个关涉广泛政治经济和全球结构关系的问题。尽管学界在贫困测量（Ravallion 2011a）、贫困瞄准和贫困变化（Kanbur and Sumner 2012；Sumner 2012）等问题上仍存在很大分歧，但发展面临挑战的紧迫性毋庸置疑。

几十年来，我们一直在如何评估贫困和福祉这个问题上存在诸多争议。学界一致认为，生计是多元的、变化的和多维的。我们该如何评估生计，才能有的放矢地对其进行干预，并制定相应政策？对此，学界很少达成共识。2009年，萨科齐委员会（Sarkozy Commission）的一些世界顶级经济学家强烈建议，运用非收入方法实现上述目标[1]，重点关注人类发展、幸福和福祉。对此，萨比娜·阿尔基尔（Sabina Alkire）及其同事做了进一步的探索。他们在借鉴阿玛蒂亚·森"可行能力"思想的基础上，创建了一套"多维贫困指数"（multidimensional poverty index，MPI）。该指数后来被联合国人类发展报告采用（Alkire and Foster 2011；Alkire and Santos 2014）。

其他学者认为，要想真正掌握人们的生计情况，还需要进一步研究家庭的内部情况，尤其是性别问题，以及广泛的分配、资源获取和发言权等问题（Guyer and Peters 1987）。这一观点突出强调了平等、赋权和承认的重要性（Fraser 2003），并指出，归属感、免于暴力、安全感、社区参与、政治表达是福祉的基本属性（Chambers 1997b；Duflo 2012）。该观点还指出，只有综合使用多维的不同指标，才能全面理解贫困的方方面面。

然而，世界银行前首席经济学家马丁·拉瓦雷（Martin Ravallion）反对在贫困和福祉指标体系中增加更多指标。他认为，这些多维指标让人感到困惑，它们基于不同的主观判断，不利于比较。相反，以收入为主的有限测量尽管存在局限性，但应该是一个直观而透明的方法；或者可以直接采用一种简单的"仪表盘式"方法，它不会将复杂的现实特征融入单一测量标准（Ravallion 2011b，c）。

相关争论还在继续。本章介绍评估生计结果的不同方法。这些方法各有利弊，需要认真对待。从根本上看，这些测量方法源自我们对贫困、生计和福祉的理解。例如，若重点关注物质要素，则测量方法会强调收入、支出和资产持有量；若重点关注广义的如阿玛蒂亚·森所指的"可行能力"（Sen 1985，1999），则测量方法会拓展到更多方面。再如，若重点关注的是福祉而不是贫困，则测量方法会在强调物质要素的同时，强调生计的心理感受和关系特征，因此会包含更多的参数（McGregor 2007）。若重点关注社会公正，则测量方法会强调"自由"，并进一步拓展到赋权、发言权和参与权等方面（Nussbaum 2003）。

当然，关注贫困问题，还要求我们研究谁是富人及其为什么会富有。贫穷与不幸并非孤立出现，事实上，随着时间的推移，一个社会中的贫富关系和不平等模式，会对生计结果产生重要影响（Wilkinson and Pickett 2010）。因此，历史学和政治经济学的视角变得很重要，该视角有助于我们探究导致不平等的分化过程。

接下来，我将探讨这些观点是如何指导我们理解、测量和评估生计结果的。每种方法都有其侧重点，这涉及不同的知识脉络和学科传统，每种方法也都面临不同的挑战。我认为，这些方法各有各的价值，很多方法可以结合起来使用，那样会更有助于全面理解生计结果。

理解生计的思想基础

在此，我提出四条理解生计和生计结果的思路。这四条思路为我们提供了多维的视角，每条思路都源自不同的知识传统（Laderchi et al. 2003）。

第一条思路关注个体以及经济学家所说的"效用"最大化。该思路考虑的是不同选择之间、不同个体之间的权衡问题，并考虑如何取得福利。福利经济学历史悠久，可以追溯到 19 世纪英国查尔斯·布思（Charles Booth 1887）和西博姆·朗特里（Seebohm Rowntree 1902）的研究，他们探讨了城市贫困人口的生计变化情况。这些研究指出，必须实施福利保护计划。这些计划后来变成了福利国家的制度。在这些早期的、定性的生计研究之后，福利经济学家开始正式地、规范地考察实现效用最大化的分配方法。个体主义、功利主义方法借鉴了杰里米·边沁（Jeremy Bentham）和约翰·斯图亚特·穆勒（John Stuart Mill）等的道德哲学传统，认为人类行为应该追求效用最大化，并减少负面影响。

第二条思路基于社会公正、公平和自由的观点，借鉴了如约翰·罗尔斯（John Rawls）的《正义论》中的思想。"可行能力方法"（Sen 1985，1990；Nussbaum and Sen 1993；Nussbaum and Glover 1995；Nussbaum 2003）强调广泛的自由和人类发展。阿玛蒂亚·森认为，一个人的生活是由"行为"和"存在"（他称为"功能"）组合而成的，"可行能力"则是一个人在这些有价值的生活要素中进行自由选择而实现的。这一观点也关注个体，但从更广的意义上考察改善人类发展的一系列要素。玛莎·努斯鲍姆（Martha Nussbaum）罗列了所谓的"人类核心可行能力"，其中包括寿命（能够活到人类正常生命的尽头）、身体健康、身体健全（能够免于暴力侵害）、生殖和性选择、实践理性（能够构想"美好生活"）、关系处理（能够与他人共处和相处）、游戏、控制自己的环境。尽管这些方面都是普遍存在的，但也会根据文化的不同而不同。这一思路的关键在于其视野更广，而且"美好生活"的概念远远超出简单的个体效用最大化。

第三条思路更加关注个人生活中主观性的、个性化的、关系性的内容。该思路认为，幸福、满足、心理健康是多种因素的结果，包括一个人与他人之间的关系（Gough and McGregor 2007；Layard and Layard 2011）。所以，自卑、抑郁和缺乏尊重会对福祉产生重大影响。虽然这些方面不一定会在效用评估或可行能力范围内得到考虑，但从全面考察生计的视角来看，是至关重要的。

　　第四条思路与广泛的社会和政治环境有关。该思路认为，在平等且存在进步机会的社会里，福祉将得到提高。例如，在超过基本收入水平的情况下，在等级森严、分裂和不平等的国家，人们的预期寿命相对较短，且存在普遍的社会问题和健康问题（Wilkinson and Pickett 2010）。从这个角度来看，对个体生计结果的评估，必须考虑广泛的社会和政治环境，因为不平等可能会阻碍全面的发展。理查德·威尔金森（Richard Wilkinson）和凯特·皮克特（Kate Pickett）认为，不平等对每个人都是件坏事，而对贫困人口来说，更是如此（Wilkinson and Pickett 2010）。

　　如上所述，这四条理解生计结果的思路都根植于对发展目标、生活行为和道德伦理的深层哲学假设。反过来，这些不同的道德伦理又需要不同的生计结果测量方式。接下来，我将对一些方法进行概述。

测量生计

贫困线：收入与支出测量

　　微观经济学家通常采用"贫困线"评估高于和低于这一水平的个体与家庭数量。贫困线以基本需求假设为前提，通常具有货币价值。类似方法在针对性的社会支持和保护项目中非常重要。例如，在印度，贫困线被用作部署大型政府项目的依据。然而，贫困线在假设、数据和效果等方面饱受争议（Deaton and Kozel 2004）。

这种方法还存在很多具体的测量难题，因此其有效性备受争议（Ravallion 2011a）。这一点在是用收入还是用消费测量贫困的讨论中尤为突出，二者各有利弊。例如，尽管收入是衡量财富或贫穷的最直接标准，但收入测量方法存在收入回忆是否真实以及有一些收入来源很敏感等问题。另外，收入经常是多变的，而且一些收入常常在某些特定时段才会有，因而使用单一的收入计算方法会很难掌握。相比之下，尽管某些消费行为只是偶尔发生，但消费数据容易收集，也不易发生变化，因此测量消费相对容易一些。然而，现实中人们也很难获得全部的消费数据，尤其是一些关键的交易信息（Greeley 1994；Baulch 1996）。

总之，这些对生计结果进行定量测量的方法，都狭隘地聚焦个体主义、功利主义思维，显然会遗漏其他很多内容。

家庭生活水平调查

生活水平调查（living standards survey）可以为评估家庭层面的生计变化提供量化基础。生活水平测量调查（Living Standards Measurement Study，LSMS）由世界银行于 1980 年设计，并在多个国家使用，能够根据一系列指标提供纵向历时的调查结果（Grosh and Glewwe 1995）。这些指标主要包括资产、收入和支出，以及教育、健康和其他人类发展指标。它拓展了贫困线方法，但仍然以"家庭"为分析单位，并聚焦可量化、可测量的指标。

与其他家庭调查方法（包括贫困线测量方法）一样，把"家庭"作为单位进行测量，会不可避免地忽略家庭内部的各种因素（Razavi 1999；Kanji 2002；Dolan 2004）以及"家族"中各"家庭"之间的关系（Drinkwater et al. 2006）。学界对于将家庭作为分析单位的局限性，已有长时间的争论（Guyer and Peters 1987；O'Laughlin 1998）。家庭通常被定义为"一个锅里吃饭"的一群人，是围绕食物提供的内部组织。但是，其他一些因素也可能会影响家庭生计。尤其是，在一夫多妻制家庭、子女为户主的家庭、乡城联系紧密的移民家庭中，生计考察会有很大不同。同样，在一个村庄的近亲家庭之间或一个家族的各家庭之间，可能会有共享许多资产的情况，甚至是"一个锅里吃饭"的情况，这使家庭单位的概念非常模糊。

人类发展指数

衡量人类发展的指标主要应用于联合国开发计划署每年编制的《人类发展报告》。这一方法最初包括对识字率、婴儿死亡率和预期寿命等生活质量指数（Morris 1979）的测量和对"基本需求"的测量（Streeten et al. 1981；Wisner 1988）。人类发展指数（Human Development Index，HDI）于 1990 年首次公开发布，包括预期寿命、教育水平以及按照购买力平价（purchasing power，PPP）计算的人均 GDP。此后，人们又尝试对这些指数进行拓展和完善。

萨比娜·阿尔基尔及其同事（见上文）将两个健康指标（营养不良和儿童死亡率）、两个教育指标（受教育年限和入学率）和六个生活水平指标（包括获得服务的机会、家庭财富指标等）进行综合，赋予每组指标与《人类发展报告》一样的权重，从而以家庭数据为基础计算出一个综合指标。他们认为，采用该方法，可以在不同国家之间或一个国家内部的不同地区之间进行多维比较。需要指出的是，虽然这些指标可以说明一个国家或地区的整体情况，但由于数据通常也来自家庭层面，因此这一方法同样具有局限性。

福祉评估

如前所述，人们对贫困测量的标准化方法的批评是，它仅仅狭隘地关注收入、支出和财产等物质指标。即使采用更加多维的方法，它也可能忽略一些不太凸显的维度，因为它主要依赖标准化调查收集的定量家庭数据。

所以，福祉评估方法将各种物质的、客观的、关系性的、主观性的维度结合起来，这对任何评估都很重要（Gough and McGregor 2007；McGregor 2007；White and Ellison 2007；White 2010）。这一方法设立了比生活水平、健康和教育更为广泛的生计需求指标，如社会心理方面的指标。有人认为，一个全面的福祉评估方法会关注家庭和社区内的所有个体，这为生计测量提供了更为完整的视角。可见，在借鉴阿玛蒂亚·森可行能力方法的同时，对福祉的多元含义及其体验（或没有体验）进行讨论是有必要的。相应地，这需要对不同的福祉概念进行政治权衡（Deneulin and McGregor 2010）。

生活质量测量

福祉评估方法的一个特别之处在于关注心理维度，包括生活满意度、尊重和自我价值等方面（Rojas 2011）。有研究指出，"缺乏希望"是最令人沮丧的贫困陷阱，会影响改善生计的动力、投资和能力（Duflo 2012）。一些学者认为，可以单独使用"幸福"指标来测量生计（Layard and Layard 2011）。例如，不丹创建了一个跟踪测量国民幸福的指数，这是该国践行佛教文化承诺的全国性工作。其他一些学者则认为，与物质方面的测量一样，福祉的心理维度也是多元的，不能简单地归为单一指标，因此，建议像经济合作与发展组织

（OECD）的"美好生活指数"（Better Life Index）那样，采用多元化的测量方法[2]。

就业与体面劳动

还有一个指标关注以正式和非正式就业为基础的生计。例如，国际劳工组织强调创造"体面劳动"，内容包括创造就业机会、保障权利、扩大社会保护、促进对话[3]。就业可以包括农业劳动、非农劳动、家务劳动和更正式的工作。对劳动薪酬、工作条件以及其他如工作灵活性、劳动权利等内容进行定性评估，可以计算出"体面劳动"的天数。当然，这与那些关注收入或消费的贫困线测量方法截然不同，可能会反映出生计的其他重要维度，可以适当关注某些不同种类的工作和就业。

评估不平等

所有这些对生计结果的测量和评估，也可以从生计结果的分配角度开展。例如，基尼系数测量的是均等化分配的偏离程度，其他统计测量方法也采用了类似指标[4]。同样，多样化的测量方法有助于评估不同要素组合的重要性，有助于拓宽对生计路径选择的探讨（Stirling 2007）。

这些评估可以在家庭、国家和地区等不同层面开展。理查德·威尔金森和凯特·皮克特在他们的《公平之怒》一书中，运用一系列指标评估国家内部的不平等状况。结果发现，一旦跨越财富的某个基本门槛，严重的不平等状况就会带来更多的社会问题（Wilkinson and Pickett 2010）。对不平等问题的关注，意味着要通过复杂的社会心理和行为特征，考察影响生计结果的社会结构。

在这里，以阶级为基础的分析方法将有助于我们弄清楚为什么某些生计选择对于一些人是可能的，对于其他人却不行。此外，被边缘化与广泛的权力关系有什么关联？对土地分配、农政结构、资产所有、劳动体制（labour regime）等特征的分析，将更有助于对生计结果进行评估。这些源自马克思主义传统的基本问题是对生计进行政治经济学分析的核心，也是本书接下来几章要讨论的重要主题。

多维方法

所有的生计测量和生计评估方法都各有各的用处。但也正如我们所观察到的，它们都各有缺陷。那么，有没有可能将它们的指标放在一起，组合成一个指标和指数，反映贫困、生计和福祉的多维特征？

学界对此一直存在争议，尤其是近年来当有人倡导使用多维贫困指数时，争论变得更为激烈（Alkire and Foster 2011）。该方法的倡导者认为，多维贫困指数范围更广，且结合了阿玛蒂亚·森的可行能力方法，在操作上可以识别测量失败的情况（Alkire 2002）。

虽然多维贫困指数目前最为突出，但它并非唯一的多维评估方法。事实上，现在各种各样的指数和排名越来越多，且都在试图将不同测量方法的结果整合为某一个数字。虽然这类方法认识到生计的复杂性以及贫困和不幸的多种原因，但它们还是存在一些问题。

在测量过程中，被测量者会不可避免地对测量方法中的假设和权重分配保持敏感。因此，那些测量指标最终很可能掩藏信息，而不是展现信息。无论如何，那些假设和权重都是研究者强加给人们的，是研究者对世界的理解和观点，所以必然是专家推动、外人界定的。所以，由此而来的测量在某种意义上也是武断的，往往反映的是西方自由主义的观点。同样，在选择指标时，人们很难知道哪些数据应该包括在内、哪些不应该包括在内。而且，如果将多个指标整合起来，穷人和非穷人之间的界限就容易消失，这样就很难制定政策（Ravallion 2011a）。但这些方法的倡导者反驳道，测量的"假设"一直都讲得很清晰、很透明，只是因为简化测量过程和简单结果排序对政策制定者更有吸引力罢了。因此，必须坚持考虑多样的生计测量方法，而不能只是简单且狭隘地依赖收入指标。

要结束这些争论并不容易。诚然，选择什么样的方法，其实反映了不同个体、不同学科和不同机构的偏好。就像许多事情一样，贫困测量与福祉评估也有其趋势、时尚和潮流。然而，我们必须警惕推动某些测量方法的政治力量，要对测量假设和方法简化心存戒备。我们需要认识到，任何生计测量方法都必须根植于当地情境，这样我们才能加深对生计的理解，而不是不假思索地照单全收所有调查数据以及由此形成的排名或指数。我们还需要认识到，多维度、跨学科始终是生计分析最重要的方法（Hulme and Shepherd 2003；Hulme and Toye 2006）。此外，我们需要同时了解各种方法的潜力和局限性，这一点非常重要。

参与式与民族志方法

对前面讨论的很多测量方法，总会有批评的声音，认为这些方法会有选择性地确定要收集哪些数据以及如何整合数据，从而将自己的世界观以及对生计和贫困的理解强加到别人身上。无论是单一的贫困线标准，还是综合的多维方法，都是如此。批评者指出，这种"家长式"的测量方法，反过来还会助长"家长式"的干预方式，即预设谁是需要帮助的穷人以及他们需要什么

（Duflo 2012）。

为此，民族志方法可以提供分析问题的另一种视角，可以对不同生活环境中的贫困群体进行研究。托尼·贝克（Tony Beck 1994）在其著作《贫困体验：为尊重和资源而战的印度乡村》中，从印度西孟加拉邦的村民视角，对他们的贫困体验进行了深描。他重点展示了村民为获得公共财产资源和管理牲畜而进行的日常抗争、协商和谈判。他指出，对于贫困的村民来说，获得尊重和获得资源同等重要。他强调了富人和穷人之间以及男性和女性之间的权力关系，穷人对富人的看法，以及穷人对那些实施压迫、使用暴力、制造贫困的人的看法（Beck 1989）。其实，从"他者"生活体验的视角理解生计，并关注观念、社会关系和权力变化，一直是社会人类学研究的重点。当然，由局外人解读如此私密的和个人化的体验，容易出现偏见和误读。

N. S. 乔达（N. S. Jodha 1988）在印度拉贾斯坦邦西部开展了一项经典的纵向历时研究，将通用的贫困测量指标与他在 1963—1966 年和 1982—1984 年两个时期开展的参与式研究中使用的定性福祉测量指标进行比较，发现那些按照通用贫困测量指标确定为贫困的农户，在使用福祉测量指标进行定性评估时，则变成了富裕户。这种关于贫困测量方法或在某种意义上关于发展经济学方法（Hill 1986）的思考，说明生计研究需要更为宽泛的框架。

通常的测量方法漏掉了对获取公共财产资源、收获"小众"作物和各种各样非正式工作的考虑。而农民真正重视的是那些能够带来实质性生计改善的方面，如减少对地主的依赖、增加流动性、增加赚取现金的机会以及获得耐用消费品等。在农民眼里，所有这些方面都会显著改善他们的福利状况。然而，在通常的生计测量调查中，这些方面却没有被包括在内。乔达重点列出了在通用方法中缺失的一些方面（见表2-1），并强烈主张采用包括更多方面的混合方法。

表 2-1　农村生计测量中缺失的内容

生计领域	包含内容	缺失内容
家庭收入	现金和实物（包括主要非贸易物品的价值）	忽略了创收活动的时间情况和交易伙伴背景，忽略了对维持生计做出集体性贡献的价值较低的自给自足活动
农业生产	所有农地经营的最终产量	在自给自足社会中促进农地经营获得最终产出过程中的一系列中间活动（经常被视为消费活动）
食物消费	正式记录的食物种类数量和质量	忽略了季节性的自给自足食物和自我服务
家庭资源	仅有私有土地、劳动力和资本资源	忽略了家庭可以获得的公共财产资源、权力和影响力
要素市场与产品市场	竞争的、去人格化的互动结构	忽略了由影响力、权力、亲缘关系、不平等等因素造成的扭曲和不公正

生计领域	包含内容	缺失内容
农场规模划分	基于拥有和经营的土地（经常以生产力和灌溉条件为标准）	忽略了资产的整体性，包括家庭获得公共财产资源的机会和劳动力情况，而劳动力情况决定了家庭利用土地资源和环境条件维持生计的潜力
劳动投入	劳动力作为标准单位，表现为人·天或人·小时的数量（尽管因年龄和性别的不同而不同）	忽略了同样年龄和性别的劳动力在耐力和生产率方面的差异，忽略了自我雇用和雇佣工人之间在劳动强度上的差异（自我雇用工人的劳动价值按照雇佣工人或附属工人的工资水平估算，是不恰当的）
资本形成	购置资产	忽略了积累过程
资产折旧	簿记中的资产价值减少	忽略了持续的可用性和可回收性
效率和产量	一项生产活动的最终产品数量和价值（基于市场标准）	忽略了满足多重目标的生产系统的全部产出

资料来源：改编自乔达的文章（Jodha 1988：2427）。

20 世纪 90 年代，世界银行通过"倾听穷人的声音"（*Voices of the Poor*）活动，采用参与式方法，评估债务缠身的贫穷国家的贫困状况（Narayan et al. 2000）。这项工作在 23 个国家开展，通过大规模的"倾听"活动，了解贫困人口的生活体验。诚然，其结果也会经过修订和综合（Brock and Coulibaly 1999）。但至关重要的是，世界银行提供的这个视角，呈现了关于生计和贫困的完全不同的观点，突出了诸如暴力、不安全、身份和尊重等方面的重要性。

近期聚焦 2015 年后发展议程的诸多工作，都从这个方法中获得灵感，如参与倡议（Participate Initiative）和"我的世界"（*My World*）等活动，前者尝试收集地方意见并将其纳入全球发展进程[5]，后者则是全球公众就一系列发展问题表达观点的网络平台[6]。

另外一个实地工作方法是"贫富排序"（wealth ranking），以及其他如对"成功"、"贫困"或"福祉"的类似排序。因为既然对贫困和福祉的评估是多维度的、复杂的，所以与其剔除部分元素并根据对消费、收入、就业、平等等要素的综合测量得出结论，不如把问题直接交给当地人自己。贫富排序就是对社区内不同家庭的财富状况和生计类型展开讨论分析的一个简捷方法。该方法要求社区成员共同将社区内所有家庭，用卡片方式进行分类（Grandin 1988；Guijt 1992）。在此过程中，最开始要讨论确定当地人表达"财富"的用语或标准，然后选择主要知情人，由主要知情人对全部家庭卡片进行分组，再通过综合分数，对社区内的所有家庭进行排序。排序的结果可以作为设计抽样调查的基础信息。然而，更为重要的是，他们在排序过程中的讨论，或许就可以反映出当地人关于财富的各种观点和标准（往往远超预期）。

例如，我们在津巴布韦南部马兹维瓦（Mazvihwa）社区开展的一系列贫富排序活动，是我们长期生计研究项目的内容（Scoones 1995a；Mushongah and Scoones 2012）。1988 年，男性小组和女性小组分别对同一组家庭进行贫富排序。2007 年，我们组织了一次同样的活动。不同小组的排序结果显示出性别的差异，表现为男性和女性对"财富"的理解有所不同。通过与以前的排序结果进行矩阵比较，后来排序的结果可以显示出财富评价标准是如何变化的。这种排序的所有结果不是仅狭隘地关注物质资产或收入内容，而是表现出对"财富"更为广泛的理解，且非常接近学术文献中的"福祉"概念。此外，个体家庭的排名变化表明，随着时间的推移，一部分家庭的排名因生计状况的变化而上升，另一部分家庭的排名则保持稳定或出现下降。在社区研讨会上，大家对这种变化的原因进行探讨，并对不同小组的排序结果进行比较。通过将当地人的一系列标准（显然在不同时间、不同排序人群间存在差异）进行综合，并进行复合排序，可以得出关于生计变化的重要认识。正如这个例子所显示的，在纵向历时研究中对贫富排序方法的反复应用，可以揭示生计是如何变化的，而且结果往往在预料之外。偶然性、机遇和危机等，都是影响排名上升或下降的重要因素。同样，当福祉的不同方面在不同时间的重要性有所变化时，排序的标准也会改变。这种"有质感的"生计分析方法，在任何时候、任何环境中都很重要（Rigg et al. 2014）。

当然，这种排序方法也有一定的局限性。首先，尽管参与排序的人经常会煞费苦心地强调某些特定个人的重要性以及家庭内部的差异性，但将家庭作为排序的单位，仍可能忽略家庭内部的动态变化。其次，因为标准和基线情况总在改变，所以这种测量结果不具有可比性，任何结论都只能是相对的而非绝对的。最后，虽然某个家庭在排序中的位置对确定"财富"或"福祉"的某些特征很重要，但家庭之间的关系并不是总能在排序结果中得到显示。

然而，作为理解生计变化和分化特征的诸多工具之一，这种排序方法肯定可以发挥一定作用。在第七章和第八章，我将介绍一些深入探究生计实践的其他方法，如民族志方法或政治经济学方法，这些方法可以更好地分析农村社会的结构和关系特征。

贫困与生计变化

对于生计结果，我们往往关注它随着时间的推移而发生的变化。对生计结果进行静态解释，无论使用多少维度，都不如对其趋势、转型和转化进行研究更有意义。对贫困变化的研究，强调的是资产水平在贫困转型中的重要性，以及生计结果随时间变化而发生的变化，这样的变化会以不均衡的方式进行（Carter and Barrett 2006；

Baulch and Hoddinott 2000；Addison et al. 2009）。对此，我们倡导采用将定性和定量相结合的混合方法，研究这种变化（White 2002；Kanbur 2003；Kanbur and Shaffer 2006）。

当然，贫困包括短暂贫困与长期贫困（chronic poverty），二者之间存在重要区别。长期贫困常常是因为面临一系列相互交织的"困境"，包括不安全感、有限的公民权、空间资源劣势、社会歧视和工作机会少等（Green and Hulme 2005；CPRC 2008）。

陷入贫困可能是突然之间的事情，摆脱贫困却往往非常缓慢，需要经过一段较长的时间。因此，有团队建议将生计研究的重点转向对生计脆弱性（livelihood vulnerability）（Swift 1989）和韧性（Béné et al. 2012）的研究。这种转向重点关注人们如何消除长期压力，如何减少突发冲击带来的影响（Chambers and Conway 1991），进而探讨人们如何才能够"求进"（stepping up，即"提高"——进行投资，以扩大资产和活动规模）、"求变"（stepping out，即"走出去"——积累资产，以进行投资或转向新活动与新资产领域）、"求稳"（hanging in，即"坚持下去"——面对压力与冲击，保持现有财富与福利水平）或者"退出"（dropping out，即返贫或迁离）（Dorward 2009；Mushongah 2009）。

通过纵向历时的追踪调查、生活史调查和其他定性调查，可以确定在不同生计策略之间实现转变的重要特征。其中，资产是特别重要的因素（Carter and Barrett 2006）。

对不断变化的生计脆弱性进行积极应对，会导致生计策略的转变。娜伊拉·卡比尔（Naila Kabeer 2005）在孟加拉国的研究，展示了家庭生计不断提升的过程。例如，人们可能开始养殖小牲畜，然后换成大牲畜；开始作为佃农耕种，然后租赁土地耕种，再后来购买土地耕种；开始租用他人三轮车，然后自己购买三轮车，再后来将自己的三轮车租出去赚钱；等等。然而，更为普遍的情况是，人们往往遭受挫折、失去资产，因而不得不在不同的生计水平之间不断转换，并随着时间的推移而改变生计策略。可以说，在不同生计策略之间发生动态转变或出现某些特殊的生计困境，是生计变化的特点，而这种变化的生计策略常常是高度性别化的。

此外，针对非洲不同地区的生计多样化路径，我和威廉·沃尔默（William Wolmer）的合作研究发现，"生计活动的基础是过去的实践积累，生计决策的基础是特定的历史和农业生态条件，同时生计决策还不断受到制度和社会等因素的影响"（Scoones and Wolmer 2002：183）。生计路径这一概念本身就意味着，不同人由于受到个人经历和历史背景的影响，会以不同的方式做出生计回应。所以，即使在相似的条件下，也可能出现截然不同的生计路径（De Bruijn and van Dijk 2005）。因此，不同生计方式的出现，反映了与之相关的不同文化和历史背景（De Haan and Zoomers 2005）。

在生计活动中，有效应对外部冲击和压力的能力对降低生计脆弱性至关重要（Chambers 1989）。脆弱性生计的出现，就是因为缺乏从外部冲击和压力中快速恢复的能力，以及适应多变环境的能力。因此，长期以来，这样的应对策略是生计研究的重要部分（Corbett 1988；Maxwell 1996）。目前，这方面的研究已经取得进展，尤其是在气候变化的背景下，人们更加关注针对上述恢复能力和适应能力的研究（Adger 2006）。关于生计变化的研究，还特别关注那些灵活的、反应迅速的、能够抓住机会的生计策略。例如，迈克尔·莫蒂莫尔（Mortimore 1989）和西蒙·巴特伯里（Batterbury 2001）在非洲萨赫勒地区的研究，就特别强调快速适应能力对生计的重要性，而加强培养这种能力对发展工作至关重要。

与此同时，很多结构性因素也会影响生计的应对策略和适应策略，特别是对穷人和弱势群体而言。因此，导致社会排斥或不利于社会融入的制度和政治因素往往会阻碍生计变化，使人们一直处于贫困和脆弱的状态（Adato et al. 2006；CPRC 2008）。这就是为什么发展工作需要变革性的干预，即通过改变那些结构性因素，释放生计潜力，如采取土地再分配等社会保护措施，转变生计的资产基础（Devereux and Sabates-Wheeler 2004）。

因此，在考察和评估生计的改变、转型和具体路径时，需要使用反映生计结果的不同指标，如应对外部冲击和压力的能力指标等。换句话说，对生计变化的研究，需要采用更加动态的视角，以考察不同时期的生计结果。

权利、赋权与不平等

生计转型也会以改善权利和赋予权力的形式出现。许多人认为，要通过赋权和包容性参与的过程，强化权利，改善生计（Moser and Norton 2001；Conway et al. 2002）。因此，运用以权利为基础的方法（rights-based approach），赋予生计权力，能够实现对生计的改善。这一方法的重点在于，消除言论压制、投票剥夺、歧视等各种形式的排斥，而这些排斥常常与阶级、性别、性取向、种族或能力（失能）等因素密切相关。该方法倡导在贫困评估和生计评估中超越个体主义思维，转向更加关注"关系性"的内容（Mosse 2010），并强调发言权、参与权和赋权等因素在生计结果中的关键作用（Hickey and Mohan 2005）。

需要指出的是，上面讨论的很多方法主要关注个体和家庭层面的生计结果，侧重微观层面。与此相比，政治经济学方法对生计变化和农政变迁的考察，具有更为广阔的视野（见第六章）。政治经济学方法非常关注分配问题，尤其是农村社会中的积累模式和分化模式等主题（Bernstein et al. 1992）。

同时，基于政治经济学的生计方法，需要考察影响生计过程和生计结果的结构性因素，如受不同阶级地位影响的土地、劳动和资本等元素的所有权形式。而资本主义的经济与政治进程，尤其是资本主义在当代的全球新自由主义形式，非常关注谁拥有对谁的权力，以及由此会产生什么后果（Hart 1986；Bernstein 2010a）。尤其是，现代资本主义要求用一种"关系性"的思维应对贫困问题。这种思维要分析由于性别、种族、宗教、种姓等因素而被"割裂"的"劳工阶级"是如何形成的，他们又是如何获得生产和再生产机会的（Bernstein 2010b）。

小　结

本章介绍的每一种考察"生计结果"的方法，都有其关于"美好生活"这一发展目标的不同哲学假设。从根本上看，对生计结果及其测量方法的讨论，有助于我们更好地理解"生计"的含义，这才是生计研究的关键所在。

生计评估的方法多种多样，从对人口的收入或消费进行个体测量，到对福祉和人类可行能力进行定性评估，再到对积累与分化的关系特征以及群体间的分配关系进行结构分析，评估范围由窄到宽。除此之外，还可以添加很多方法，也可以进行不同分类。重要的是，所有这些方法都以不同的方式，提供可资利用的观点。

尽管学术界存在一定的争论，但无论如何，对生计结果的评估，并不存在所谓唯一"正确"的方法，而是每一种方法都针对复杂的问题提出自己的不同视角。当然，每一种方法都难免具有局限性。如前所述，不同的生计分析框架必然会影响所选择的测量方法和测量指标。对这些分析框架、"生计"的含义以及"美好生活"的核心内容等进行反思、质疑，不仅非常重要，而且需要相关方的积极参与。不同的生计分析框架也会带来非常不同的结果。在任何严谨的分析中，仅仅采用社区外部研究人员或社区内部掌握实权人士强加的框架和方法，显然是不够的。交叉使用不同的方法和测量方式，可以看出不同方法的利弊、差异和影响，这非常重要。在本书的第八章，我将继续讨论生计的测量方法。但是，我们首先需要回答的问题是：这些方法对我们理解生计有何帮助，不同方法中的各种元素是如何被纳入生计框架中的。

注　释

[1] 参见斯蒂格利茨–森–菲图西委员会网页：http://www.

stiglitz-sen-fitoussi. fr/en/index. htm。

［2］ 参见经济合作与发展组织"美好生活指数"网页：ht-tp：//www. oecdbetterlifeindex. org/。

［3］ 参见国际劳工组织网页：http：//www. ilo. org/global/a-bout-the-ilo/decent-work-agenda/lang-de/index. htm。

［4］ 参见世界银行网页：http：//web. worldbank. org。

［5］ 参见英国萨塞克斯大学发展研究所网页：https：//www. ids. ac. uk/project/participate-knowledge-from-the-m-argins-for-post-2015。

［6］ 参见"我的世界"项目网页：http：//www. myworld2015 DK. org/。

| 第三章 |

生计框架与超越

前两章介绍了生计的复杂性和多维性，以及生计在不同时空下的变化性和在不同社会结构中的差异性。生计受到地方条件、宏观结构、政治经济进程等多种因素的影响。要弄清楚谁的生计在哪里发生什么样的变化以及为什么，并不容易。

为了理解生计的这种复杂性以及思考该如何采取干预行动，一个宽泛的生计解释框架是非常必要的。然而，任何框架都只是用来理解事物关系及相互作用的简化模型。一个框架可以为各种因素之间的相互关系和相互作用提供一种假设，可以引导人们思考，但并不是对现实的描述。20 世纪 90 年代末，关于生计的各种框架层出不穷，只要在网上搜索关键词"可持续生计"，就会出现各种结果，令人眼花缭乱。

到目前为止，最广为人知的是英国国际发展署的可持续生计框架，其本身也有多种版本和解释（Carney 1998，2002；Ashley and Carney 1999；Carney et al. 1999）。如前所述，英国国际发展署的可持续生计框架是在萨塞克斯大学发展研究所的一个研究团队开发的框架基础上衍生而来的（Scoones 1998）。这个框架提出一组简单且相互关联的问题，作为当时在孟加拉国、埃塞俄比亚和马里开展研究的参考。

> 在特定的背景（政策安排、政治、历史、农业生态、社会经济条件）下，哪些生计资源（不同类型的"资本"）的组合会带来哪些生计策略（农业集约化或粗放化、生计多样化、外出务工）的组合，会出现怎样的生计结果？在这个框架中，制度过程（嵌入正式和非正式的制度与组织）尤其值得关注，它影响着实施这些生计策略和实现（或无法实现）这些生计结果的能力。（Scoones 1998：3）

该框架（见图3-1）将生计背景与生计资源、生计内容、生计策略（在农村背景下区分为农业生产、非农多样化活动与外出务工）、生计结果（涉及第二章讨论的一系列指标）联系起来。正如阴影部分展示的，该框架的关键内容是制度和组织，因为它们构成的制度过程

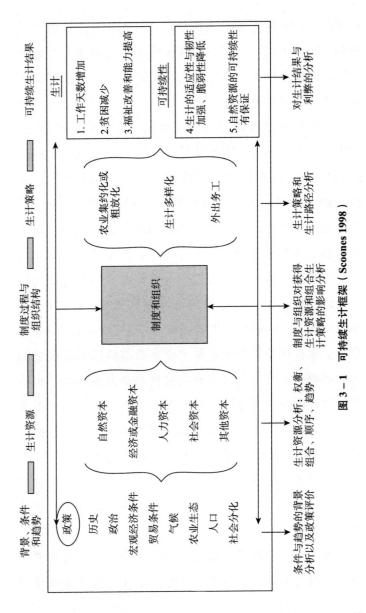

图 3 – 1 可持续生计框架（Scoones 1998）

和组织结构影响着不同人的生计资产配置、生计策略选择和生计结果实现。可见，这个框架的内容主要包括一个简单的概括性的清单，旨在帮助那些跨学科的研究团队系统地开展实地研究。

从概括性的清单变为一个框架，或者更准确地说，变成通用术语——"可持续生计框架"（Sustainable Livelihoods Framework）或"可持续生计方法"（SLA），是在1998年发生的事情。随着英国国际发展署的成立及其将采用可持续生计方法解决贫困问题写进白皮书，原来的自然资源部转型为农村生计部，后来农村生计部又成立了可持续生计支持办公室。与此同时，一个咨询委员会得以成立，由位于伦敦的海外发展研究所（Overseas Development Institute）的黛安娜·卡尼（Diana Carney）领导。该咨询委员会的成员主要来自英国国际发展署的有关部门，还有一些来自研究机构和非政府组织，包括我。该咨询委员会讨论了在未来工作中如何发挥"可持续生计方法"的作用，以及如何将数额庞大的、新的发展资助用于以生计为重点的减贫工作。为此，我们需要一个简单的、综合的方法，以引导人们围绕生计主题展开讨论。这样，可持续生计框架便成为实现这一想法的方式。

由于资金和政治的推动，"生计框架"变得很有吸引力、很有市场，出现了生计框架工作指南、在线学习指南以及由"生计连接"（Livelihoods Connect）[1] 这一网络平台发布的方法工具箱，而且这类工具箱不断增多。因此，可持续生计方法被不断传播，背后的推动力量也不断增大。然而，在此过程中，也充斥着大量的误读和误用。与英国国际发展署一样，非政府组织也起到重要的推动作用。国际关怀组织（CARE）和其他非政府组织为阐释生计方法，也提出很多新观点，提供了很多实践经验。在联合国系统，与开发计划署一样，粮食及农业组织也开始对此产生兴趣，创造了丰富多样的生计方法（Carney et al. 1999）。在此之后，人们对生计方法的兴趣如滚雪球一般越滚越大。英国国际发展署和其他一些组织成立了专门的生计咨询专家队伍，采用生计方法的咨询业务蓬勃发展。随后，人们对不同机构使用的各种生计方法开展了比较评估，旨在展示不同版本的"可持续生计框架"在解释和应用方面的差异（Hussein 2002）。

可见，国际双边组织、联合国系统和非政府组织等都倡导使用生计方法，都致力于在发展行动中采用自下而上、以人为本的综合性方法。似乎很少有人对此进行质疑。这股潮流势头太猛，在相关讨论中几乎没有什么争议。与此同时，关于生计框架在一些方面的优缺点的内部讨论一直在持续，但在关键问题上并没有什么有效的思考。

在接下来的章节中，我将对一些重大问题展开讨论，旨在分析如何拓展、完善生计方法，以及如何使生计方法重新焕发活力。在本章的后面四部分，我将重点分析关于生计框架本身的一些讨论，这些讨论反映了在发展研究和发展行动中采用生计方法面临的一些理论上和方法论上的挑战。

生计背景与生计策略

这里涉及两个问题，一是人们实际上采取了哪些行动，二是限制或促使人们采取行动的因素是什么。在这两个问题中，哪一个更重要？也许，任何一个都不能说自己是最重要的。然而，长期以来，从事生计研究的学者在这两个问题上存在争议，即是关注农民、牧民、林农等的个体能动性和他们的生计策略，还是关注影响他们能做什么和不能做什么的结构性政治经济力量？

如第一章所述，20 世纪 80—90 年代的很多生计研究强调前者，即高度肯定生计的丰富多样性，赞扬那些缺少资产和收入的贫困人口在困境中创造生计的惊人能力。苏珊娜·戴维斯（Susanna Davies 1996）和罗伯特·内廷（Robert Netting 1993）的研究考察了农民在恶劣条件下是如何适应、创新和生存的，都是开创性的研究成果。在此方面，还有很多其他研究，尤其是在非洲开展的一些研究，延续了"村庄综合研究"的传统（Wiggins 2000），采用了社会地理学、人类生态学和人类学的学科框架，都是基于微观层面的村庄研究。

在这类研究中，"背景"是外在的，而且常常很遥远。研究地点往往远离权力中心，地方机构主导着广泛的政治进程。这些研究也许是对此前马克思主义学派对农村变迁过度结构化分析和决定论式分析的一种回应。因此，这类研究的永恒主题是反抗国家主导或外部霸权的地方知识和能动性（Richards 1985；Long and Long 1992）。

然而，将这些结构性特征，如国家和精英的作用、商业利益的力量、新自由主义和资本主义的影响、全球化的力量或贸易条件等，压缩和简化到一个"背景"框里进行分析，显然是不够的。因为"背景"并不是外生的，而是会影响生计的各个方面。有观点认为，孤立、偏远的地方不会受殖民主义、结构调整计划、不断变化的贸易体制或国家的影响，这是荒谬而危险的迷思。所有生计资源、生计策略和生计结果都会受这些过程影响，与之相关的制度和组织同样会受这些过程影响。这些"背景"与生计框架其他部分之间的联系是复杂多样的，一个简单的生计框架完全装不下那么多表示联系的箭头。结果，很多对生计分析的微观考察忘记这一点，因此常常忽略广泛的结构性特征。

在地方的能动性和实践与广泛的结构和政治之间，

存在张力。西蒙·巴特伯里（Simon Batterbury 2008）将之称作"莫蒂莫尔-沃茨之争"（Mortimore-Watts debate），指两位非常有影响的地理学家之间的争辩。这两位地理学家都曾在尼日利亚北部开展研究，并从能动性、结构这两种角度分析生计问题（Watts 1983；Mortimore 1989）。这两种角度的分析都很深刻，二者的结合则更加有力。然而，许多生计分析和生计框架偏重地方的能动性与实践这一角度，而将结构关系与政治因素归为"背景"。本书认为，这是一个错误。

生计资产、资源与资本

围绕如何将生计资产或资源理解为"资本"这一议题，学界存在激烈争论。英国国际发展署的生计框架特别强调包含五大资本的"资产五边形"（asset pentagon）（Carney 1998）（见图 3-2）。这引发的问题可能比生计框架的任何方面都多。有人反对说，"资本"这一术语的使用，将生计过程的复杂性简化为经济单位，反过来又表明这些单位既有可比性又有可测量性。当然，在生计框架发展早期，使用经济学的语言和术语是一个策略性的举措，因此经济学家很快就关注了这个事情。然而，这种简化显然存在一些问题。这些资本显然并不具有可比性，也不容易测量。所以，采用五边形图厘清复杂关系的想法是行不通的，也会浪费大量资源和时间。

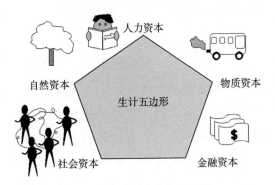

图 3-2　生计（资产）五边形

　　另有一些人认为，五大资本并不全面，因为还有其他一些可以利用的资源，如政治资本或文化资本。还有一些人直接反对使用"资本"一词，尤其是自然资本，认为这是将复杂的自然简化为单一的、可交易的资产，认为这是假定自然与其他形式的"资本"等同，抹除了背后的权力因素（Wilshusen 2014）。此外，一些人发现，某些"资本"的定义令人困惑，尤其是"社会资本"，最令人不解。20 世纪 90 年代，大量研究将社会资本理解为关系的密度，认为这对理解发展至关重要（Putnam et al. 1993）；与此同时，另外一些研究则明确指出，情况并非如此（Fine 2001；Harriss 2002）。同样，对"资本"这一术语的不同用法也让人感到困惑。有人引用布迪厄（Bourdieu 1986）的概念，将资本看作在不同的支配和从属结构中被利用的过程（Sakdapolorak 2014）；也有人采用经济学的概念，将资本看作是作为交易商品的"物"。

这些在外行人看来，都是相当内行的争议。除此之外，我们当然有充分理由考察什么人才能获得某些资源或资产，这不仅包括土地、劳动力和资本这三个经典要素，而且包括不同种类的社会和政治资源，以及对人类行动至关重要的技艺和才能。同时，不仅这些资产的不同分配方式很重要，而且它们之间的组合和排序很重要（Batterbury 2008；Moser 2008）。同样，它们背后隐含的权力关系也非常重要。

此外，在各种生计框架得以发展的同时，人们倡导采用更为广义的资产观。安东尼·贝宾顿将资产视为"工具性行动（谋生）、解释性行动（使生活有意义）和解放性行动（挑战谋生所处的社会结构）的载体"（Bebbington 1999：2022）。因此：

> 一个人的资产，如土地，并不仅仅意味着是他或她用来谋生的手段，它们还会对这个人的世界赋予意义。资产并不只是人们用以谋生的资源，它们还赋予人们生存和行动的能力。资产不应该被理解为仅仅是生存、适应和消除贫困的"物"，它们还是人们行动和再生产的权力基础，也是人们挑战或

改变资源控制、资源使用和资源转化等治理规则的权力基础。(Bebbington 1999：2022)

所以说，资产不仅关系到人们拥有什么，还关系到人们相信、感受、认同什么。资产也是政治资源。然而，可以预见的是，尽管有这些广泛而深入的分析，但在援助机构主导的话语中，讨论的核心仍是以工具性、经济性和物质性为焦点，并左右着在实地工作中采取的许多具体行动。

生计变化

有些人在应用生计方法时，只是对生计资产、资源和策略进行静态描述。但正如第二章讨论的，理解生计变化对于考察生计结果至关重要，这需要关注生计的转变以及生计的轨迹或路径（Bagchi et al. 1998；Scoones and Wolmer 2002，2003；Sallu et al. 2010；van Dijk 2011）。

安德鲁·多沃德（Andrew Dorward）和同事（Dorward 2009；Dorward et al. 2009）开发了一个用来区分不同生计变化类型的框架，包括"求进"（即"提高"——在核心生计活动基础上积累资产并改善生计）、"求变"（即"走出去"——开展更加多元的新型生计活动，包括在新的地点开展生计活动）、"求稳"（即"坚持下去"——几乎挣扎在温饱线上，未能成功实现积累和改善命运）三种类型。若斯法特·穆雄加（Josphat Mushongah 2009）增加了"退出"类型，指那些坠入赤贫或迁离的人。这一简单分类起初是为了讨论人们的生计愿望，但可以有效地评估生计的动态变化，显示不同人（家庭）是如何形成不同路径选择的。

政治与权力

对生计方法常见的批评是，其忽略了政治和权力。严格地说，这并不准确。生计方法内容广泛、形式多样，其中有些框架重点论述了"转型结构""政策过程""制度组织""可持续生计治理""变迁动力"等内容（Davies and Hossain 1987；Hyden 1998；Hobley and Shields 2000；Leftwich 2007）。这些都是在强调影响生计选择的社会政治结构及过程，其核心关切便是权力、政治、社会差异以及它们对治理的影响。就生计方法如何加深对这些方面的理解，我和威廉·沃尔默认为：

> 这需要从地方视角考察发展工作，需要将微观层面贫困人口特定的生计条件与地区、省、国家甚至国际层面的宏观制度和政策框架联系起来。这样便可以凸显复杂的制度与治理安排的重要性，以及

生计、权力与政治之间的重要关系。(Scoones and Wolmer 2003: 5)

英国萨塞克斯大学发展研究所在早期研究[2]中,特别强调制度和组织对生计策略与生计路径的作用。这里指的主要是社会文化过程和政治过程,它们解释了各种资产投入是如何以及为什么与生计策略和生计结果相关联的。这些过程受制于权力和政治的影响。在这些过程中,权利、资产获得和治理是关键因素(见第四章)。因此,在同一框架下,不同学科可以有非常不同的解释视角。而政治与权力视角强调的正是要对权力、政治和制度进行深入的定性分析,因而是一种完全不同的研究取向。

然而,现有的各种生计框架其实并没有处理好这一问题。显然,我们可以说"权力无处不在"——从生计背景到资本的获得和积累,权力对制度、社会关系、生计策略、生计选择、生计结果都有重要影响。有人试图更加凸显政治的作用,因此在资产清单中增加"政治资本"这一项,并强调社会资本本身就很关注权力关系。但即便如此,现有的各种生计框架并未真正揭示权力结构在政治利益、话语叙事和基层实践中的复杂关系,而只是将这种复杂性简化为少数几个共同指标(Harriss 1997)。这样一来,要求关注权力和政治的呼声被束之高阁。尽管各种框架对政策过程有所认识，但常见的只是一些工具性的使用，并带着"生计"的标签（Keeley and Scoones 1999；IDS 2006）（见第四章）。

遗憾的是，这些关于政治与权力的讨论，到今天仍然处于边缘位置。尽管不同的人都指出政治维度的重要性，但主流关注的还是其他方面，即经济学框架下高度工具性的减贫议程。如今，我们几乎很难再看到20世纪90年代生计思想的痕迹，那种对现实和政策的线性、工具性思维占据着至高无上的位置。

框架拓展

尽管如此，生计框架及围绕它的相关争论已经在话语和政治方面产生影响。在过去15年里，生计框架拥有巨大的力量和影响力，在不同的环境中都引起关注，获得支持。生计框架将研究人员、行动者和政策制定者凝聚成一个松散的网络，他们以不同方式从事发展工作，并共享生计框架的共同语言和概念。

与此同时，这些框架在应用推广时，也带着政治性的策略和考虑。在某些方面，生计框架可以掩盖认识论上的重要分歧和政治立场，从而消除争端和异议。例如，通过对外呈现一个干净、整齐的形象，尤其是以图表的形式，人们看不出什么瑕疵；通过组织工作团体，生计框架实现了吸纳和收编。但是，生计框架的工作团体在内部并不支持对生计框架进行争辩和讨论。

其实，争辩不一定是坏事。只有将人们聚集在一起，尤其是将不同的群体聚集在一起，新的交流和对话才可能被激发。即使开始时会遭遇抵制，不同部门和不同学科间的分野也最终会被消解，新思想、新方法和新实践才可能产生。在现实中，对生计框架的争辩和讨论在或大或小的程度上发生过，在某些方面则正在发生。大批硕士和博士研究生采用生计框架的某些版本开展研究，进行反思。正如托马斯·库恩（Thomas Kuhn 1962）的著名论断指出的，这可以代表在"范式转变"（paradigm shift）之后"常规科学"（normal science）的产生。其结果应该是讨论日趋成熟，应用更加精细、更加有效。

遗憾的是，援助机器反复无常且对常规科学的缓慢发展缺乏耐心，结果在英国国际发展署和其他一些援助机构内部，新的框架和时髦术语不断涌现，且前期的经验积累往往被抛弃（Cornwall and Eade 2010）。毋庸置疑，关于生计方法的讨论将继续，新的术语将被不断制造出来，生计框架也将出现新的变体。

然而，撰写本书并不是要纠结于这些周期性的"时尚潮流"和资助机构的反复变化，而是要推动讨论。这种讨论必然要建立在过往经验的基础上，从过往经验中汲取营养。

尤其是，前面强调的那些讨论都很重要，它们都以某种方式折射出社会科学的普遍问题。例如，关于生计背景和生计策略的讨论，凸显了社会科学中长期存在的关于"结构"和"能动性"的张力，说明了同时关注二者的重要性（Giddens 1984）。而关于"资产"和"资本"的讨论，揭示了社会科学以"物"为重心的分析局限性。它可以促使我们超越这一局限，拓展出更为广阔的生计框架（Bebbington 1999），并帮助我们认识到资本的积累和交换是一个充满权力的过程（Bourdieu 1986）。此外，关于是否应该将社会资本视为一种可测量的资产，或将其看作一个嵌入社会关系和制度的过程，反映了整个社会科学和政治科学领域关于制度在发展中作用的讨论（Mehta et al. 1999；Bebbington 2004；Cleaver 2012）。而关于生计轨迹的讨论，聚焦在复杂的系统中创造和维持变革的路径（Leach et al. 2010），以及生计变化如何受制于资产阈值等关键因素（Carter and Barrett 2006）。最后，正如下一章将要深入讨论的，在生计分析中对政治和权力的讨论，可以帮助我们打开制度与组织的"黑箱"（实际上是"灰箱"），使围绕生计和发展的制度分析与政治分析重现活力，并将重点放在对政治和价值的关注上（Arce 2003）。

小　结

如果我们不过于拘泥于每个框架特定的、烦琐乏味的细节，而是将其与社会和政治理论的核心关切联系起来，对有关概念、定义、关系等议题展开讨论，就可以找到一条有效的前行路径。起初，生计框架的设计仅仅是作为一个跨学科的、启发性的研究清单，我们不应该对它期望太多。我认为，我们应该以开放的心态，将生计框架视为一种思维方法。这样，生计框架便可以帮助我们提出问题、开展调研、开放讨论。与此同时，我们还要认识到生计框架存在局限性。

注　释

[1] 参见"生计连接"网页：http://www.livelihoods.org。

[2] 参考卡斯韦尔等（Carswell et al. 1999）、布罗克与库利巴利（Brock and Coulibaly 1999）、尚克兰（Shankland 2000）、斯库恩斯与沃尔默（Scoones and Wolmer 2002）。

| 第四章 |

获取与控制：制度、组织和政策过程

正如上一章所述，制度、组织和政策在调节生计资源获取和选择不同生计策略的过程中起到重要作用，但这一点很容易被忽略。换言之，这些由制度、组织和政策控制的过程，对哪些人能够做些什么，以及对他们的生计结果，有着深刻影响。

那么，什么是制度、组织和政策？我们又该如何理解它们影响生计结果的过程？本章将首先着重讨论制度和组织，然后简要论述政策过程，最后再次强调政治在影响生计策略和生计结果方面的重要性。

制度与组织

每个人都在谈论制度和组织，我们该如何对其进行界定和理解？道格拉斯·诺斯（North 1990）最早给出的一个简洁定义或许有些帮助。他认为，制度就是"游戏规则"，而组织是"玩家"或"参与者"。例如，农村的婚姻、继承和土地权属等制度会影响谁能得到土地，而教堂、部落、地方政府和国家土地登记部门等组织为制度或规则的实施提供安排。

当然，事情并非如此简单，因为有很多规则在发挥作用，有些是正式的法律规定，有些则是非正式的。相应地，这些规则又由各种各样交叉重叠的组织管控。在现实中，制度和组织、规则和玩家之间并没有整齐划一的对应关系。

因此，回到农村土地获取的例子。作为土地改革计划的一部分，人们可以通过政府土地部门的正式分配获得土地。作为赋权和移民安置的一部分，这可能对妇女或移民非常有利。与此同时，人们还可以通过继承或传统领袖、酋长的分配获得土地，但这只限于那些世袭的男性申请人。所以说，是否能够获取土地，取决于你是谁，并由此涉及什么制度适用、什么组织相关。此外，制度和组织嵌入社会，处在特定的文化、社会和政治背景之下。它们在人们获取资源的过程中并非中立，而是富有显著的政治色彩。

在上述案例中，通过政府土地改革计划获得土地与正式制度有关，受到特定的法律或特定的政策约束。相比之下，通过传统领袖获得土地则可能是非正式的，是"习惯法"的一部分（Channock 1991）。这种法律是地方公认的一种实践、惯例和习俗（Moore 2000）。当然，那些被认为是习惯和传统的，也是可以变化的（Ranger and Hobsbawm 1983），且受地方权力关系的影响。因此，非正式制度和组织具有高度的变动性，并受地方权力斗争的影响。这并不是说，正式制度就是一成不变的或不会受权力斗争的影响，其实现实远非如此。如下文所述，正式制度对法律和政策的影响采用不同的形式，即一般来说是更加可见、透明和负责的，尽管也会有例外情况。

当有多个正式和非正式的制度与组织管控资源获取和生计选择时，我们将这种情况称为"法律多元主义"（Merry 1988）。在这种情况下，人们可能会选择最适合自己的资源获取路径，或者他们会避开风险，尝试多种渠道。换句话说，他们会在各种制度和组织之间"货比三家"，试试运气，减少交易成本，增加获得好结果的机会。在法律多元主义的背景下，这类在实践中的做法被称为"挑选法院"（forum shopping）（von Benda-Beckmann 1995）。这也是构建生计的重要组成部分（Mehta et al. 1999）。

然而，把外部"设计的"制度强加到被假定制度不存在或已经失去作用的环境中，且不考虑现实的复杂性，会出现问题。在农村发展和自然资源管理工作中，有很多建立"用户协会"和"管理委员会"等的例子。这些"用户协会"和"管理委员会"的建立和发展，并没有充分理解现存的资源使用和资源获取模式以及它们的制度基础。

弗朗西丝·克利弗（Frances Cleaver 2012）曾在坦桑尼亚的大鲁阿哈河流域乌桑古平原调研一个案例。在此案例中，外部发展专家将发展问题产生的原因诊断为"传统"制度失败，并由此导致包括农牧民在内的资源使用者之间发生冲突。于是，他们制定了土地利用规划，起草了规章制度，成立了委员会。然而，这些行动与其他许多社区资源管理工作一样，并没有真正奏效（Cleaver and Franks 2005）。那些冲突的社会与政治根源没有去除，既存的规范和实践也没有得到重视。相反，新设计的制度被强加给这里，就好像以前这里什么都没有一样。因此，发展工作不可能按计划进行。然而，随着时间的推移，通过协商和谈判，发展工作慢慢开始出现进展，一些新的制度以克利弗所说的"拼凑"形式建立，即将各种元素逐步拼凑在一起，形成各种元素的复杂组合。这些制度安排并不完全符合地方政府中分级化和分权化的管理传统。事实上，这些制度安排也不完全符合当地的情况，却慢慢开始发挥作用。而且，随着新问题的出现，这些制度安排不得不逐渐做出调整，不断适应。例如，随着新灌溉企业的创办，人们对湿地水源的需求增加。这与农业和畜牧业的用水都形成了竞争。这些新灌溉企业的创办者代表了一个特定的社会群体，因此，新出现的水源冲突的权力斗争非常复杂。但是，通过协商和谈判，他们慢慢找到了解决方案。可见，为了不再继续以往的做法并防止出现进一步的不平等和不公正，这种"拼凑"方法虽然更像集市上的讨价还价，却也比标准化的、整齐划一的、教规式的制度设计带来更好的结果（Lankford and Hepworth 2010）。

因此，对正式和非正式的制度与组织在实践层面进行深入了解至关重要。人们可以基于这些了解，获得土地、市场、非农就业、服务等方面的资源支持，从而创造生计，这是一个巨大的挑战。世界上大多数农村的制度和组织非常复杂，这意味着围绕生计的协商和谈判需要大量的时间、精力和技巧。在很多情况下，协商和谈判的主要参与者不是国家部门，而是项目机构、非政府组织、私营部门、宗教组织和地方传统精英。正如克里斯蒂安·伦德（Christian Lund 2006，2008）所说的，这些参与者都"像国家一样"，执行法规，提供服务。

上述不同参与者之间的权力关系，影响着生计资源的获取。生计资源的获取也经常受到一系列通常并不明确的规则影响，其中还会涉及一系列责任和义务关系。不同参与者之间协商和谈判的过程很可能会混乱、不透明和耗时，抑或受到高度不平等的庇护关系影响，最好的办法就是顺其自然，接受协商和谈判的结果——有时被称为"新宗法体系"（neo-patrimonial system）[1]（Booth 2011；Kelsall 2013）。若无视乡村的复杂性，而完全依赖运作不良的国家体系，则可能会出现更加糟糕的结果（Olivier de Sardan 2011）。例如，在土地获取方面，充分考虑传统的土地分配方式和权属安排，不断强化土地权属保障，可能比设计一个成本高昂、来自外部的土地管理和登记系统更加有效。即便这种设计并不混乱、复杂，也不具有政治色彩，它也未必有效。

在此方面，制度经济学为理解人们如何在各种方案中做出选择提供了一个路径（Toye 1995；Williamson 2000）。其基本观点是人们会选择成本最低的方案，会考虑与谈判交易相关的各种成本，包括信息搜寻、讨价还价、监督执行等。一个理性的选择会降低交易成本，抵消讨价还价、协商谈判、贿赂等潜在的高成本。其中，对制度的信任是一个关键因素。事实上，博弈论认为，在彼此熟悉的人们之间，互动越多，信任越高。

相应地，对资源治理的制度投入，会随着资源价值的增加而增加。回到土地问题上，如果被保护的土地有较高的价值，那么治理土地的制度——如土地利用委员会对滥用和非法进入者进行圈围、巡查和罚款——将更为有效。在牧场管理中，针对旱季放牧保护区、沿河地区或谷底湿地等关键牧草资源在制度上（通过规则）和组织上（通过委员会）进行投入，将比对开放牧场的制度和组织投入更有意义（Lane and Moorehead 1994）。

几乎所有对生计至关重要的资源获取，都是由某种制度和组织进行管控和调节的。加勒特·哈丁（Garrett Hardin）在其常被引用的关于"公地悲剧"（Hardin 1968）的论文中，错误地假设"公地"是对所有人开放的。美国印第安纳大学政治理论与政策分析研究团队的埃莉诺·奥斯特罗姆（Elinor Oström）及其同事则指出，在很多情况下，公共财产资源的管理实际上是按照非常严格的规则进行的，这些规则由很成熟的、有时是非正式的组织执行（Oström 1990）。奥斯特罗姆为公共财产治理确定了八项原则，其中包括需要确定明确的群体边界，对公共物品使用的治理规则要符合地方需要和地方条件，确保受规则影响的人参与对规则的修改，确保社区成员制定规则的权利得到尊重，建立以社区为基础的监测系统，对违反规则的人进行分级处罚，为争端解决提供可行的低成本手段，建立从地方到更大范围的公共资源治理责任体系。她指出，从地方到全球层面，这些原则都必须得到遵循。这对理解如何实现可持续生计至关重要（Ostrõm 2009）。

当然，这些原则基本上都是一种简化。奥斯特罗姆等研究了人们对固定而有限的资源进行选择的行为，并对这些行为进行经济学分析，从而得出上述结论（原则）。这些原则也反映在人们围绕公共资源的集体行动之中。但是，这些原则既忽略了社会与政治谈判中固有的、程度不同的复杂性，也忽略了资源生态的变化性。

例如，莱拉·梅塔（Lyla Mehta）及其同事研究指出，生态、生计和知识的不确定性综合起来，重塑了制度（Mehta et al. 1999）。同样，奥斯特罗姆的那些原则只聚焦地方的、有限的资源，忽略了人们在创造生计时必然会发生的在不同层面之间的联系。安东尼·贝宾顿和西蒙·巴特伯里指出，在日益全球化的世界里，生计是在跨越空间的流动背景下创造的（Batterbury 2001；Bebbington 2001）。对于影响跨国生计的制度与组织，不能简单地在地方框架内进行分析，而必须将其置于全球框架内进行研究。事实上，固守特定的"空间"和"层面"，会掩盖人和资源在不同地区和不同层面之间的流动，也会掩盖在网络化、全球化背景下所构建的更为复杂的生计路径（Leach et al. 2010）。

此外，正如研究土地和土地权属的学者指出的，制度并非固定不变，而是持续变化的社会与文化过程（Berry 1989，1993）。虽然制度可以有正式的特征，但它们经常是混杂的，由多样的、（往往是）模糊的、非正式的且不断协商谈判的规则组成。因此，制度深深地嵌入社会和文化，而不是随意的简单设计。当然，这种嵌入往往发生在极不平等的社会关系之中，而这种不平等的社会关系反过来又在制度安排中不断得到复制和强化（Peters 2004，2009）。

机会与排斥

因此，制度和组织对于我们理解有些人如何获得资源和生计，而其他人如何被排斥在外，是至关重要的。基于阿玛蒂亚·森的研究，"环境权利"框架指出，制度会影响获取资源的机会，在此方面，资源管理与资源治理的困境主要在于资源获取机会本身，而不在于资源的丰富程度（Leach et al. 1999）。这些制度由一系列经常相互交叉的正式和非正式过程管控。如前所述，这些过程受到权力关系的影响，具有高度的差异性。性别、年龄、财富、种族、阶级、地理位置以及一系列其他因素，都会影响谁有或谁没有获取资源和生计的机会（Mehta et al. 1999）。

哪些理论可以帮助我们理解这些过程？杰西·里博和南希·佩卢索（Jesse Ribot and Nancy Peluso 2003）在他们极具影响力的一篇论文中，对"获取理论"进行了论述。他们借鉴并拓展了这里提及的很多研究文献。他们认为，获得、控制和维护资源获取的一系列权力，远远超过了财产权利。对技术、资本、市场、劳动、知识、权威、身份和社会关系等的获取权力，可能取决于一系列相互交叉重叠的机制。

在此方面的另一个重要理论，是德里克·霍尔（Derek Hall）、菲利普·赫希（Phillip Hirsch）和塔妮娅·李（Tania Li）基于对东南亚地区的深入研究而提出的一个分析框架（Hall et al. 2011）。他们揭示了多种多样的"排斥力量"，强调了斗争与冲突，突出了将人们排斥在土地和资源之外的武力使用情况。通过分析这些过程为何发生、如何发生以及这些过程影响了谁，人们能够更好地理解"圈地"、"原始积累"或"剥夺式积累"等概念（Hall 2012）。他们认为，存在四个相互作用的排斥过程——监管、市场、武力和合法化。

由于生计——也包括身份、国籍和物质等方面——与资源获取权力和财产权利等问题息息相关，因此我们非常需要理解对土地和资源实行控制的方式，包括因高度商品化和暴力增加而出现的新措施。类似这样的领地化过程和圈地过程，改变了劳动和生产的方式（Peluso and Lund 2011）。反过来，对土地和资源的获取权力和财产权利，与制度权威和身份表达密切相关（Sikor and Lund 2010）。因此，生计、资源获取、财产、权威、身份之间存在互构关系。

例如，在非洲的碳汇林业项目中，通过圈地封育和市场化过程，林木所有权与碳储存被新的产权关系和新的林区权力关系控制。其结果往往是将一系列权利让渡给项目开发者和商业投机者，同时允许某些类型的地方精英攫取。这些项目干预措施，通过一系列令人眼花缭乱的复杂设计，将碳储存进行货币化交易，从而制造出一整套的项目实践、治理体制和治理技术。这些做法反过来又从根本上改变了人类和森林的关系，改变了某些生计类型的可能性，排斥了诸如狩猎、采集以及在特定区域放牧等生计方式（Leach and Scoones 2015）。

制度、实践与能动性

许多关于生计的文献聚焦对物质资源获取权的斗争，而制度和组织被看作解决问题的关键。如前所述，制度和组织是一个重要视角，是所有分析的核心。然而，这种制度和组织框架有时会忽略制度和组织的政治意涵，包括相关行动者的主体性、身份和地位。

当然，有关土地或水资源的斗争，不仅关涉物质资源的获取权问题，而且包括其他一系列无形的因素。土地与历史、记忆、文化和意义有着密切联系。同样，水与神灵、祖先、神话和传说相关联。例如，莱拉·梅塔认为，在印度西部地区，水与文化和象征意义密切相连（Mehta 2005）。

除了文化维度和社会维度，生计中还包括个人情感维度，而个人情感维度也会影响制度。埃沙·沙阿（Esha Shah 2012）分析了"情感史"的作用，即那些根深蒂固的惯习、感受和情绪对生计实践和生计行为具有重要影响。她认为，在印度农村地区，农民自杀主要不是缘于全球化和自由化导致的农业危机等结构性因素，也不是缘于直接影响农民生活的物质匮乏，而是缘于农民对危机和匮乏的认知与感受。这些都反映在恐惧、疏离、绝望、宿命或耻辱等情绪之中，受到自我想象以及历史上那些根深蒂固的身份和社会等级的影响。

因此，即使有人在物质上不存在缺吃少穿的问题，疏离感、边缘感以及对一无所有的恐惧和尊严的丧失，也会对人造成巨大影响。集体的想象和记忆会强化这种感受，驱使人们走向自杀。虽然这是一种极端反应，但通常情况是，"情绪"与结构和物质因素一样，也能够影响生计，而且它们之间相互作用。所以，在生计分析中，不应该忽略这一点。相应地，这也要求任何一位研究人员都要尊重和理解这些主观世界，并进入真实的生活世界。

将人作为认知主体，强调了能动性（Giddens 1984）和主体性（Ortner 2005）。在谋求生计时，人们会感受、思考、表达、争取和制造意义。这些实践总是被文化形塑，并可能内化为限制人们行动的无意识的社会知识的一部分，成为皮埃尔·布迪厄（Pierre Bourdieu 1977, 2002）所指的"惯习"。

塔妮娅·李（Li 1996）创造了"实践政治经济学"这一术语，强调能动性在改善人们生计条件中的作用。她强调了用来重塑不同层面的制度和政策的各种创造性文化思想和日常实践。这些思想和实践，无论是隐性的和内化的，还是明确的和外化的，都是许多生计行动的基础。它们也可以通过常规化机制，成为社会制度、规则、规范以及语言的一部分。这些嵌入社会的实践过程是生计的重要组成部分，但它们因为根深蒂固而常常不被人们注意。可以说，实践创造了制度，正如制度创造了实践一样。

从这个角度来看，制度不是固定不变的或被设计出来的，也不是对经济刺激的简单理性回应。制度是许多地方行动者持续不断地再组织、再生产和再形塑的结果（Ortner 1984）。在此过程中，对于不同资源的意义，人们会有争议。那些具有多元主体性的有知识、有策略的行动者在生计实践中的参与和作用，可以折射出制度是如何被创造出来以及如何运行的。它还为人、生计与制度之间的相互创造，提供了一个更加动态的理解视角。

差异、承认与声音

正如南茜·弗雷泽（Nancy Fraser）主张的，要实现一种更加解放的政治，除了物质再分配，还必须重视承认和参与（Fraser and Honneth 2003）。女性主义指出了重视鲜活的身体体验的重要性（Grosz 1994），即把身体看作是通过权力建构起来的，并处在特定的地方背景之下（Harcourt and Escobar 2005）。而按性别区分的生产和再生产角色，对生计有着深远影响。因此，资源获取不仅与物质斗争有关系，而且与身体和情感的互动有关系。

法尔哈纳·苏丹娜（Farhana Sultana）延续了"女权主义政治生态学"（Rocheleau et al. 1996）的传统，在研究孟加拉国饮用水的获取问题时指出，"在情感地理学中，性别主体性和呈现出来的情感，构成了人们基于日常生活及其体验的自然—社会关系"（Sultana 2011：163）。当然，性别与其他很多方面的差异相互关联，因此要求对生计进行交叉分析（Nightingale 2011）。而当代社会理论主张"去中心化"，这为身份概念提供了更为复杂的视角（Butler 2004）。

所有这些方面对生计研究都很重要，因为支配的形式可能不仅源于人们在特定生计资源获取方面的不平等，还可能更多地出现在社会和政治领域，涉及不同的群体

（在性别、性取向、是否残疾、种族、种姓或任何其他方面）如何被看待、被承认、被定义和被欣赏。

在有关印度安得拉邦地区农户应对气候变化的生计回应研究中，塔尼娅·亚基莫（Tanya Jakimow 2013）搜集了不同社会群体的翔实生活史，记录了一段时间内人们的生计愿望和生计活动。这些记录的重点是生活史中的关键事件，以及不同制度在影响生计和气候适应中的作用与变化。结果发现，民族志和生活史可以丰富我们对制度过程的理解，这些理解包括经济和结构两个方面。民族志和生活史还可以帮助我们加深对生计是如何在复杂和动态的环境中形成与变化的理解。

但是，正如对生计结果的分析视角那样（见第二章），对制度和生计的分析并不存在唯一正确的方式。在此方面，将制度经济学、社会法理学、法律人类学、政治社会学、政治经济学、政治生态学、实践民族志等分析方法结合起来，可以为我们提供更加深刻的见解。

政策过程

所有制度层面的问题都会受政策的影响。在发展领域，人们经常谈论政策，但对政策往往缺乏充分的理解。在很多教科书里，政策被正式表述为反映政府意图的官方声明、规定或法律。政策被认为是通过政治辩论而获得一致同意，并由官僚机构实施。还有一种线性观点认为，政策包括议程设置、政策评价、优先序确定、实施和评估的连续过程。这种整齐划一的线性观当然是一种粗略的简化。事实上，大多数政策过程不是这样的。正如爱德华·克莱（Edward Clay）和伯纳德·谢弗（Bernard Schaffer）多年前就曾指出的，政策就是"目标和各种意外的混乱组合"（Clay and Schaffer 1984：192）。政策过程是混乱的、有争议的，尤其是它是政治性的（Shore and Wright 2003）。政策会受情境和个体的影响，是复杂的谈判的结果。

大多数决策者清楚地认识到这一点。当然，决策其实是在咖啡厅或非正式讨论中做出的，利益集团总会游说并施加影响，实施过程总会面临选择、调整和改变。那么，我们该如何理解这些过程？

我们可以采用一个简洁的框架进行分析（Keeley and Scoones 2003；IDS 2006）。该框架区分了话语与叙事的力量（如何谈论政策以及如何利用不同的知识和专家）、行动者与网络的力量（不同群体和他们的网络如何共同影响政策变化）、政治与利益的力量（利益集团如何形成，以及如何通过谈判、讨价还价、政治竞争影响政策结果）。图4-1概括了这些相互重叠的视角，可以帮助我们关注不同的权力维度、不同的层面以及不同的学科，进而理解政策的变化。

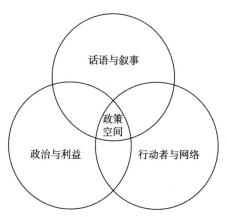

图 4-1　政策过程中的三个关键因素

　　例如，长期以来，政治学认为社会中利益集团之间的讨价还价和谈判是政策政治的本质。相比较而言，以行动者为导向的方法则强调政策参与者的个体能动性与社会网络，以及嵌入其中的权力关系（Long and van der Ploeg 1989）。此外，权力通过知识政治而产生，呈现一种更加流动的、更加普遍的话语权力形式，反映了政策过程中米歇尔·福柯（Michel Foucault）所称的"治理术"（Foucault et al. 1991）。

　　图 4-1 的中心是"政策空间"（Grindle and Thomas 1991）。在任何特定的政策过程中，政策空间的开放或闭合取决于话语与叙事、行动者与网络、政治与利益的布局。我们可以通过考察这三个相互交叉的维度理解政策变化，并确定现有政策和新政策的空间。该框架既可以

用来做现状诊断，也可以用于预测未来政策的可能性，还可以用来为改变政策而设计战术和策略。鉴于主流叙事以及支持主流叙事的行动者和利益集团的强大力量与顽固性，颠覆和改变现有政策体制并非易事。若要转变政策方向，探索替代性政策方案，则可能需要努力构建替代性叙事，创建新的联盟和同盟，以取代或收编现有的利益集团。

政策与实践不能割裂开来。政策分析往往是抽象的，采用的是线性的管理学框架。然而，政策与实践及其实施过程中的复杂谈判密切关联。正是通过叙事和网络以及思想和实践的作用过程，政策模型才得以稳定。正如戴维·莫斯（David Mosse 2004）指出的，必须始终将政策与相关的制度和社会关系联系起来进行分析，正是通过这些制度和社会关系，政策才得以呈现。

那么，这与生计和农村发展有什么关系？正如我们看到的，政策往往通过复杂、交叉的制度安排，对生计机会产生重要影响。例如，以大规模农业投资为主导的政策，可能会削弱对小农农业的支持。尤其是，当政策支持者坚信，大规模农业是现代的、有效率的，它可以创造就业，吸引外资，在国际市场上保持竞争力，获得强大的商业集团支持时，上述现象将更加明显。

这种大规模农业的叙事，正在支持一系列"土地攫取"（land grab）现象的发生。保罗·科利尔等颇具影响力的人都在倡导这种叙事。他在广受读者喜欢的期刊《外交政策》（*Foreign Policy*）上撰文指出，"世界需要更多商业化农业，而不是更少，巴西的高产大农场模式可以很容易地推广到土地尚未得到充分利用的地区"（Collier 2008）。世界银行也希望通过在几内亚大草原上实施商业化农业，唤醒非洲这个"沉睡的巨人"（Morris et al. 2009）。随着投资者和金融投机者对廉价资源的寻找，以及石油、饲料和食物价格的上涨，人们投资土地的兴趣不断增加。渴望外国投资的政府官员（有时可能为了受贿）与地方传统领袖之间形成了联合，因为后者认为自己可以从这些交易中获利（Wolford et al. 2013）。这样，一个强大的多层面的联盟形成，而这样的联盟尽管在不同情况下会有所不同，但都离不开一个强大的、专家背书的叙事支持。其结果是，正如我们在过去几年里看到的，现有生计被取代，获取资源的权利被破坏，而且很多时候并没有创造替代性的地方就业机会，也没有实现经济增长（White et al. 2012）。

在此方面，另外一类观点支持小农农业、土地归地方所有以及在某些地区倡导"食物主权"（food sovereignty）（Rosset 2011）。这类观点坚信，小农农业很高效（Lipton 2009），农业生态学实践比大规模工业农业好处更多（Altieri and Toledo 2011）。但是，在面对由投资者、私营农业企业、政府和地方精英组成的强大联盟时，这类观点得到的支持非常有限，并常常被斥为太天真和民粹主义。

诚然，并非所有的外部投资和土地交易都不好，有些支持大规模土地交易的叙事有一定的道理。事实上，现实世界比那些按照默认的简单二分法进行的政策分析复杂得多。简单二分法将事物分为大的和小的、外来的和地方的、粮食作物的和经济作物的、落后的和现代的等。这些二分法，即便可以为其中任何一方提供一套有用的辩词，也会遮蔽那些深刻的生计分析所展示的生计复杂性。我们应该做的是，首先考察什么样的生计策略可以在何时何地发挥作用，然后寻找那些可以更好地发挥小农生产优势，并可以从外部投资中获益的生计方式（Vermeulen and Cotula 2010）。当然，尽管这种立场比较务实，但在面对极其强大的外部力量时，也很容易被收编或消解。因此，要想促进生计权利，就必须针对政策过程的情况进行认真细致的具体分析。

我希望，针对复杂主题进行的这些简短的讨论可以阐明，对政策过程的深入考察是生计分析的核心。无论我们讨论的是非常微观的问题——如在某特定地区的灌溉用水供应，还是更为宽泛的全球性问题——如作物育种和转基因，上述方法都可以帮助我们了解政策是如何构建的，以及在某种情境下政策是如何获得支持的。这些开放或关闭的政策空间就是生计空间，其中，一些人会从特定的政策举措中获益，另一些人则会遭受损失。

打开黑箱

如本章分析所示，制度、组织和政策的"黑箱"非常需要打开。虽然这是第三章中讨论的生计框架的核心，但它经常被忽略或未得到充分重视。

生计框架中的制度和政策要素真正反映的是权力和政治，以及支撑权力和政治的社会关系和政治关系。这可以指受国家体制影响的关于全球化进程的宏观政治，也可以指家户内部或家户之间的微观政治。这些进程决定着哪些生计是可行的，哪些是不可行的。因此，对制度、组织和政策进行多视角的、深入细致的分析，非常有必要。这就意味着，我们必须超越狭隘的经济学框架，必须理解社会和文化因素，因为这些社会和文化因素不仅影响着简单的成本效益追求，还影响着什么事情会在哪里发生以及为什么会发生。

注 释

[1] 指一个人不能严格区分公共领域和私人领域，而利用职位或职务通过庇护关系的形式谋取私利（Clapham 1998；Bratton and van der Walle 1994）。

| 第五章 |

生计、环境与可持续性

生计与可持续性成为紧密交织在一起的两大主题，在"可持续生计"这一概念上体现得尤为明显。虽然这一概念很早就有相关论述（见第一章），但真正推广开来还是因为罗伯特·钱伯斯和戈登·康韦在 1991 年发表的那篇工作论文。正如第一章中提及的，他们认为，"如果一种生计能够应对压力和冲击，并能从中得以恢复，且可以维持或增强其能力，维持或增加其资产，同时不破坏自然资源基础，这种生计就是可持续的"（Chambers and Conway 1991：6）。在该论述中，生计被置于动态系统的核心地位，并涉及不断变化的外部压力，包括长期存在的压力或突然的、短暂的冲击。该论述将生计与自然资源联系起来，认为可持续性即意味着不破坏自然资源基础。钱伯斯和康韦接着论述道，可持续性还意味着必须解决代际问题，即生计分析的核心就是要在当前使用和未来使用之间进行权衡。与此同时，他们还强调了全世界不同地区间的相互联系。尤其是在生计机会的环境影响方面，由于当前和未来气候变化的跨区域影响，世界某一地区人们的生计与生活方式会影响其他地区人们的生计选择。

因此，关于生计的任何考察，都要把可持续性作为关键内容。然而，正如前几章所述，尽管"可持续生计"这一标签中含有可持续性的词语，但发展实践中关于生计及生计分析的大多数讨论并未将可持续性这一因素考虑在内。在现实中，贫困地区和边缘地区的发展工作关注的常常是眼前的需求、减贫、人道主义支持和救灾等。毋庸置疑，当前"压倒"了未来，长期可持续发展的问题常常遭到冷遇。这是发展工作中经常出现的一个问题，将各种救助与发展工作结合起来的专业性做法仍然不多（Buchanan-Smith and Maxwell 1994）。然而，人们对全球气候变化的关注却在改变争论的方向。当今，人们更加关注灾后恢复、气候适应以及对气候变化的长期应对等问题（Adger et al. 2003；Nelson et al. 2007；Bohle 2009）。但是，这些关注人为地将短期的迅速适应与长期的减缓策略割裂开来。同样，地方性的应对和回应机制与减少碳排放和减缓气候变化等全球性政治挑战，也被割裂开来。

对于可持续性这一概念，人们一直试图给出确切定义，但一直未能固定下来。人们通常认为，按照布伦特兰委员会（WCED 1987）的说法，可持续性就是经济、社会和环境因素的整合。在现实中，可持续性概念一直处在被讨论之中。因此，它也成为一个政治概念，充满争论、审慎以及相互冲突和相互矛盾的观点（Scoones 2007）。作为一个"边界术语"（Gieryn 1999），可持续性保持了一定的实用意义，每个人都认为自己能够理解它，但很少有人能完全理解或对其有相同的理解。因此，可持续性鼓励自然科学与社会科学进行跨学科对话；鼓励不同的政策领域之间进行对话；鼓励经济学（从"绿色经济"到"自然资源核算"的讨论）、环境科学（从全球气候变化预测到生态系统建模）以及普遍性社会科学和政治科学（关于知识、政治以及谁输谁赢的问题）之间进行对话（Scoones et al. 2015）。

从最早被用作森林管理的概念，到联合国大会（从斯德哥尔摩到里约热内卢，再到约翰内斯堡，再回到里约热内卢）上被作为国家间政治协定的符号，这个术语得到广泛传播，并获得政治和政策上的重点关注（Lele 1991；Berkhout et al. 2003）。然而，与其他边界术语一样，可持续性的意义并不很确定，人们可以对其进行多种解释，这些解释都很容易找到。而且，可持续性几乎可以和其他所有词语连在一起使用，当然也包括"生计"。这既表明可持续性这一概念影响很广，又说明它可能缺乏实质意义。

那么，如何才能将可持续性问题更为集中地带入关于生计的讨论？在关于可持续性的讨论中，如何才能兼顾长期和短期的视角以及地方和全球的维度？本章将对有关争论进行简要梳理，并提供相关建议。

人与环境的动态关系

环境、人与发展之间的关系，在讨论可持续生计政策之前就已经存在很久（Forsyth et al. 1998）。这一关系当然也是托马斯·马尔萨斯（Thomas Malthus）研究的核心主题，是他 1798 年出版的《人口原理》的核心主题。他关注人口增长的后果，主张控制人口，以避免资源供给不能满足人类需求而导致饥饿、冲突和社会动乱。20 世纪 70 年代早期，社会上关于石油危机以及世界正在耗尽自然资源的意识，在一定程度上加剧了人们对资源稀缺的恐慌。在此情况下，一些备受瞩目的研究成果出版，北方国家的环境运动同步出现。这些成果包括保罗·艾里奇（Paul Ehrlich）和安妮·艾里奇（Anne Ehrlich）在 1968 年出版的《人口爆炸》（对世界末日的描述）（Ehrlich and Ehrlich 1968）、《生态学家》（*The Ecologist*）杂志的宣言——《生存的蓝图》（Goldsmith et al. 1972）以及最具影响力的罗马俱乐部的《增长的极限》（Meadows et al. 1972）等。《增长的极限》运用系统模型，对资源利用和经济发展进行了分析，指出必须减缓当时的经济增长。如今，尽管有更好的数据和洞见解释全球环境变化的原因，但这一类观点还都是围绕"地球限度"（planetary boundaries）而展开（Rockström et al. 2009）。

马尔萨斯关于人口增长和环境破坏导致环境崩溃的观点已经为人们所熟知，但仍需进行一些解释。正如约翰·罗克斯特伦（Johan Rockström）及其同事的研究指出的，地球存在明确的限度（他们确定了 9 个），其中一些尤其是气候变化、生物多样性丧失和氮循环中断这些方面，已经超过地球的限度。这对全球的生计机会造成了巨大影响，并给"人类安全活动空间"（safe operating space for humanity）的构想及分布带来重大的政治影响（Leach et al. 2012，2013）。我们一方面不能忽视物理学等自然科学对于环境变化发出的严重警告，另一方面还必须警惕这些观点是如何回应挑战的，并对它们给不同人群生计带来的影响保持警惕。

资源稀缺：超越马尔萨斯

在关于资源分配和生计策略的政策讨论中，经常会出现资源稀缺的观点。但是，哪些资源对哪些人是稀缺的？从全球到地方，这种稀缺性会带来怎样的政治影响？对于这些问题的争论，在当前关于土地"攫取"（或水资源攫取、绿色攫取）的讨论中尤为突出（见第四章）。人们发现，世界上某一地区的资源限度，常常被用来证明在其他地区购买土地、水资源或生物多样性是合理的。例如，推动全球土地交易的企业（和政府）很多来自亚洲地区，因为亚洲地区的高速经济增长刺激了人们对食物、能源和矿产资源的需求，而在非洲和东南亚，人们认为那里的土地、矿产和水资源未得到充分利用或处于闲置状态，因此可以用来满足亚洲部分地区的需求（White et al. 2012；Cotula 2013）。显然，这引发一系列问题：这种稀缺性或丰富性是由什么人、出于什么样的政治目的、以什么样的方式建构起来的（Mehta 2010；Scoones et al. 2014）；取得高速经济增长的资源消耗是否合理，付出哪些代价；土地在交易后仍然被闲置还是仍然由那里的牧民或农民使用；在新一轮的资源商品化进程中，土地交易的收益和成本是如何分配的？

一个具有政治性的稀缺性分析框架认为，稀缺性总是关系性的，是在特定的社会政治背景下建构出来的，并以不同的方式影响着不同的群体（Hartmann 2010）。我们在理解环境与人类的相互作用时，必须考虑到这一点，因为那些支持土地交易政策的叙事总是会利用稀缺性这一观点，而不是会挑战它。这并不是否认资源情况的确发生很多改变的现实。事实上，气候变化确实发生了，森林砍伐、生物多样性丧失、土壤侵蚀、地下水位下降等，都真实发生了。但我们必须认识到，站在不同的立场，人们对这些变化的看法会截然不同。

在《土地的谎言》这部经典著作中，梅丽莎·利奇和罗宾·默恩斯指出，非洲关于环境变化的叙事非常顽固，这些叙事通常带着经典的马尔萨斯式的悲观论调（Leach and Mearns 1996）。埃默里·罗（Emery Roe 1991）则认为，发展领域普遍存在这种思维。关于稀缺性的简单化叙事容易理解，但也会深深嵌入制度、教育和政策等体系，即将叙事制度化。这种叙事的制度化过程跨越了殖民及独立后时期，持续了很长一段时间。尽管很多人试图对这些叙事进行批判、挑战或颠覆，但它们还是顽固地继续发挥作用，这并不是因为它们有科学的支撑（通常非常不可靠，或至少受到特定情景和环境的制约），更多是因为这些叙事背后有政治力量的推动。可以说，关于"可持续性"的争论都是围绕稀缺性等叙事展开的，更多的只是一种下意识的回应，而不是对特定地方人与环境之间复杂和动态关系的深入分析。

正如任何精彩的故事那样，在这些叙事中，有受害者和救世主、好人和坏人，还有简单的但往往是英雄式的、从外部就可以把问题解决的办法。这样，问题的罪魁祸首就会被制造出来，他们就是那些刀耕火种的耕作者、落后的牧民、捡柴火的人、烧木炭的人、猎人、采集者等。虽然没有实质性的证据，但他们还是在政策叙事中被妖魔化。这些"罪魁祸首"通常是穷人和边缘群体，他们的生计系统不符合那些文明的农业经营者和城市人的规范。如此一来，生计活动被定为犯罪和非法，这些人被排除在他们长期依赖的资源之外。很多所谓的"堡垒式保护"（fortress conservation）开始出现，如在公园里竖起围栏，以保护生物多样性（Brockington 2002；Hutton et al. 2005）；成立反偷猎队伍，以追踪打猎者和制止非法放牧；禁止在耕作过程中用火；以防止水土流失为名，禁止牧民使用湿地或河流等重要资源。

虽然这些措施的初衷是好的，但它们往往存在严重误导，而且非常不科学。以防火规定为例，在草原和很多森林生态系统中，起火是生态系统的自然组成部分，长期以来维持着丰富而多样的植被（Frost and Robertson 1987）。禁火（以及禁止轮作耕种、采集蜂蜜和季节性转场放牧）不仅意味着破坏生计，而且意味着未来更容易发生火灾（因为堆积了大量干草），还会因为树龄相同而减少生物多样性。此外，约金·罗德里格斯（Iokiñe Rodríguez）在委内瑞拉的研究还发现，这些问题会导致环境保护人员与当地居民之间发生冲突（Rodríguez 2007）。

非平衡生态系统

生态系统并不是需要一直保持静态或进行交易的"自然资本"(见第三章)(McAfee 1999),而是复杂的、动态的,并一直在变化的。因此,"非平衡"的生态学视角非常重要,它挑战了那些如保护、控制、承载力和限制等静态管理学的理念 (Behnke and Scoones 1993;Zimmerer 1994;Scoones 1995b,1999)。对非平衡生态系统的管理,需要反应更快、适应性更强的复杂方法(Holling 1973)。该方法要考虑到那些无法避免的冲击和压力,并将恢复能力和可持续性作为动态系统的新属性(Berkes et al. 1998;Folke et al. 2002;Walker and Salt 2006)。对于从事自然资源研究的生态学家和大多数作为复杂生态系统资源管理者的当地居民来说,这并不是什么新鲜事。事实上,千百年来世界各地的生态系统也正是被这样管理的,尤其是在热带地区,那里的降雨、气温、火情、病害情况以及其他影响生态系统的因素比温带地区更加复杂多变。然而,在某种程度上,由于受到前面所述的对资源进行控制和管理的简单化叙事的影响,大多数政策和制度并没有采用更具回应性和适应性的方法管理森林、牧场、生物多样性或水资源。相反,对资源进行限制和控制的思维与自上而下的方法,一直是世界资源管理的核心。现实情况和政策制度之间的这种不协调会导致重大摩擦，有时甚至会引发直接冲突。这对可持续性目标和可持续生计的实现毫无帮助。

与此同时，一些人宣扬应该由地方对环境进行监护和保持。这一具有浪漫主义和理想主义的愿景，同样毫无助益。例如，一种非常流行的生态女性主义普遍认为，女性具有天然的关怀品质和可持续管理资源的能力（Shiva and Mies 1993）。尽管在某些情况下这是毋庸置疑的事实，但将其作为普遍化的、本质性的特征，掩盖了政治生态系统的复杂性，这种复杂性会影响不同性别在资源获取与控制上的差异（Jackson 1993；Leach 2007）。同样，对地方或乡土知识的欣赏，包括认为人与土地和资源存在精神的联结，可能也都过于理想化。人们看到的可能只是一种简单化的、泛泛的情况（Haverkort and Hiemstra 1999），而没有认识到地方知识正是地方历史、地方实践以及不同人群关于资源及资源控制的斗争的一部分（Richards 1985；Sillitoe 1998）。这种将当地人视为救世主的叙事，与将他们塑造为罪魁祸首和坏人的叙事，都是有问题的。相反，我们需要进行更加审慎的、差异化的分析。有些人可能是自然的剥削者，有些人可能是自然的守护者。他们的所作所为，更多取决于他们的社会关系和当地的政治格局，而与他们"本地人"、"土著人"或"妇女"等身份本身的关系并没有那么大。

作为适应性实践的可持续性

关于农村生计的一些研究令人鼓舞，这些研究关注在宏观社会和政治背景下的地方实践，带有厚重的历史维度（见第一章）。不同群体（包括男性、女性，年轻人、老年人，富人、穷人，移民、原住民等）的日常实践，体现了人们适应环境变化的方式。他们总是不断尝试和创新，有时会强化现有做法以应对资源紧缺，有时则会完全改变生计策略。保罗·理查兹（Paul Richards）深入研究了塞拉利昂稻农利用复杂的地方性知识适应环境变化的过程，发现稻农的做法与外人强加给他们的方法常常是矛盾的（Richards 1986）。玛丽·蒂芬（Mary Tiffen）、迈克尔·莫蒂莫尔和弗朗西斯·吉丘基（Francis Gichuki）对肯尼亚马查科斯区的环境和社会史进行了详细研究。他们分析了为什么随着时间推移，人口增长，土壤侵蚀却减少。该研究发现，与关于水土流失和土壤退化的马尔萨斯式的主流叙事相反，由于市场增长刺激了农业集约化，人们在土壤保护方面进行了大规模投入（Tiffen et al. 1994）。正如埃丝特·博斯拉普（Ester Boserup 1965）早期研究指出的，人口压力可以刺激创新和集约化。在尼日利亚北部的卡诺安置区也有类似的故事，那里的一个干旱地区出现了极其集约化的生产系统，这也与城市市场的发展有关系（Adams and Mortimore 1997；Netting 1993）。克里斯·赖（Chris Reij）等人的研究则解释了在非洲整个萨赫勒地区水土保持的创新实践是如何发生并传播到更多地方的，这些创新实践有效地应对了干旱和气候变化（Reij et al. 1996）。根据文献记载，在中美洲地区，山坡集约化的生产系统将控制土壤侵蚀与创新耕作制度很好地结合起来，成为当地重要的生计应对措施（Bunch 1990）。同样，在印度尼西亚爪哇地区，在巨大人口压力的背景下，传统家庭菜园通过分层园艺系统，开展了综合性生产，获得了极高的产量（Soemarwoto and Conway 1992）。

无论是新技术的出现、管理实践的变化、空间的重构，还是营销方式和生计策略的转变，这些都是随经济、社会和政治关系的变化而出现的。它们不可能像一些人希望的那样，作为技术推广的一部分而被简单地传播。这也是很多复制其他人或其他地方做法的尝试屡屡失败的原因。这种在不同时空背景下的适应性实践和转型，让我们明白在特定条件下真实存在的环境约束和生态限度是如何通过谈判妥协形成的，以及为何不会必然出现社会冲突和生态崩溃。事实上，正是在政治和制度层面（而非环境方面）存在的一系列约束和阻碍，使创新和变革不能轻易达成，但是，创新和变革的机会还是存在的（Leach et al. 2012）。

生计与生活方式

关于适应性和可持续性的许多重要研究成果来自边缘地区，那里的穷人采用非凡的智慧和技能应对各种压力和冲击。然而，在世界富裕地区，生计与可持续性之间的关系也很重要，但问题不是稀缺和匮乏，而是过剩和过度消费。很多研究指出，无论是北方国家还是南方国家的中产阶级，都热衷于消费主义和经济增长，这必然导致不可持续。在此情况下，人们关注的焦点是生活方式而不是生计。

在此情况下，生活方式的代际影响成为生计分析的一个关键问题。尤其是，我们谈论的是谁的可持续生计：是当代人的还是后代的？如前文所述，罗伯特·钱伯斯和戈登·康韦提出了代际生计可持续性的概念，指出了包括环境在内的代际资产继承的重要性（Chambers and Conway 1991）。然而，20世纪90年代以来蓬勃开展的生计研究，始终没有特别重视生计的代际公平及其对可持续性的影响这个主题。正如本书其他部分讨论的，许多生计研究关注的重点是对贫困问题和环境变化的迅速应对，而没有给予未来和子孙后代足够的重视。随着全球越来越多的人口摆脱贫困，摆脱日常生存的挑战，并积累提高生活水平和改善生活方式的财富，生计的代价议题应该被提上日程。

环境可持续性与经济增长之间的关系，或许是我们这个时代政策问题的核心，它主要涉及对生计和生活方式的选择问题。有人认为，要想确保后代幸福，我们必须采取"零增长"的策略，该策略也是可行的。正如蒂姆·杰克逊（Tim Jackson 2005，2011）指出的，"无增长的繁荣"，即依靠较少的资源过上更好的生活，是可能的，但需要做出艰难的抉择。这要求我们重新思考"繁荣"的意涵，摒弃将"国内生产总值"作为衡量发展唯一指标的执念。人们发现，相较于预期寿命和满意度等变量，"变得更加富有"这一追求的回报在递减，而机会、排斥、剥削和支配等方面的社会不公平因素，极大地影响着富裕社会中人们的幸福感。

这就需要对生计结果及生计结果的利弊权衡和效果影响展开广泛讨论。正如第二章讨论的，有很多评价生计结果的方法：有的侧重对收入和支出进行具体测量，有的更加关注可行能力和人类福祉。我认为，关于生计与可持续性的讨论，必须聚焦人们如何定义"美好生活"和生计结果，以及采取什么样的生计和生活方式才能实现它们。这些都是如何选择的问题，而且对不同地区的不同人来说，选择是不同的。对于那些长期处于极端贫困的人来说，首要任务可能是提高收入和积累财产；但对于其他人来说，选择范围会更广，不需要总是把重点放在物质收益上，而是可以考虑关乎幸福的其他方面。事实上，对生计结果的开放式讨论往往会带来意想不到的结果（见第二章）。例如，与"扶贫专家"的预期相反，那些处在贫困中的人，可能会像重视物质财富一样珍视尊严、安全和自由。这就是要展开讨论的原因，正如第二章描述的参与式贫富排序方法那样，对财富、幸福以及成功的可持续生计进行充分且开放的讨论，可以给我们带来很多启发。

所有这一切都要求我们从个人、地方到全球层面直面可持续性的政治问题（Scoones et al. 2015），并在生计、技术和政策之间创造新的组合，以实现可持续的未来。无论是转向低投入农业或农业生态学方法（Altieri 1995）、食物主权和地方性经济发展方式（Patel 2009；Rosset and Martínez-Torres 2012）、低碳生活与新型经济活动相结合的"转型城镇"（transition town）（Barry and Quilley 2009），还是直接改变消费模式（Jackson 2005），都将取决于我们所处的环境和我们的选择。

总之，确保全球中产阶级（尤其是日益增加的城市中产阶级）的可持续生计，是一个迫在眉睫的重大挑战，需要全新的思想。农村生计框架以及基于不同环境背景而形成的许多生计方法（见第八章），仍然具有重要意义。当然，今天的环境背景和生计策略与过往不同，但社会制度、文化实践、政治和政策的作用与影响仍然相当重要，只有以此为基础，才能在未来形成既能改善福祉和可行能力又能实现可持续性的新型生计路径。这将确保我们可以在安全活动空间内、在环境限制和环境限度范围内开辟新的生计路径，践行新的生计和生活方式，满足人们对美好生活的愿望和期待。这条道路不会平坦，将深受政治影响，但本书讨论的这些生计方法可以从思想上和实践上帮助我们走好这条道路。

可持续性的政治生态学

无论是在资源利用还是在消费方面，正是处在复杂系统中的、动态化的、谈判式的生计回应过程，让人们对可持续性有了深刻的认识。在此过程中，"路径"是一个重要的隐喻，因为它意味着必须找到实现可持续性的途径，而且通往目的地的道路并不是唯一的（Leach et al. 2010；www. steps-centre. org）。其中，可持续性的路径是通过社会、技术和环境过程之间的动态作用构建起来的，需要在社会—技术转型过程中进行多种创新（Smith et al. 2005；Geels and Schot 2007）。在此方面，关于方向（我们将走向何方，我们如何定义可持续性）、分配（在特定的路径选择中，谁是赢家、谁是输家）和多样性（存在哪些选项，如何组合这些选项）的讨论，都至关重要（STEPS Centre 2010）。

　　因为可持续性是由不同地区的不同人根据其生计状况通过谈判协商形成的结果，所以在此过程中，最重要的还是政治问题。政治生态学家长期以来认为，正如生态建构了政治一样，政治也建构了生态。因此，我们必须弄清生态变化是如何创造并限制路径选择的，因为环境冲击（如破坏性地震、台风或疾病暴发）和长期的环境压力（如气候变化及伴随的温度、降雨分布等的改变）都会影响人们采取什么样的生计路径。同样，政治选择也会影响生态。因此，在更好地理解生态变化的同时，对资源进行政治经济学思考，同样很关键。

　　例如，结构性因素可能会改变所有权和控制权的模式，或创造出新的能够影响资源商品化和市场化的驱动力。这转而又会导致一些人获得积累，另一些人则被剥夺。在当今金融化、全球化和新自由资本主义的特定背景下，市场关系往往占主导地位，而且影响深远（Harvey 2005）。土地、森林、矿产和水资源的市场存在已久，而如今还有碳、生物多样性甚至特殊物种的市场。按照补偿交易的逻辑，一些宝贵资源在世界某一地区受到保护，在其他地区则被允许开发（Arsel and Büscher 2012；Büscher et al. 2012；Fairhead et al. 2012）。

　　再如，在全球森林碳交易与"减少森林砍伐和森林退化的碳排放"（REDD）计划中，一个地方森林或土壤中的碳与世界上另一个地方污染排放中的碳被认为是可以通约的（认为是相同的，因此可以交换）。因此，根据某些明确规定的标准，在土壤和森林中的碳封存意味着碳信用，可以被出售，用以抵消其他地区的气候影响，以减缓气候变化。世界各地数百万公顷的土地被用在这个计划上，但无论是在碳封存水平方面（通常由于泄漏和不持久而低于预期）还是在假定的社会效益方面（由于资源估价的新安排导致人们流离失所、发生争端和冲突，因而也往往低于预期），效果都不尽如人意（Leach and Scoones 2015）。总之，管理资源的新型市场关系正在对农村生计产生新的影响，我们十分需要理解这些变化和全球联系的分析视角。

我们需要认识到，作为旨在通过创建市场和价值保护"自然资本"的"绿色经济"的一部分，这种针对自然的新型商品化进程对可持续性的政治产生了深远影响（McAfee 2012；Corson et al. 2013）。随着补偿机制的实施和生态服务支付项目的展开，这一进程正在推动保护式积累（accumulation by conservation）方式的发展（Büscher and Fletcher 2014）。可以说，这一进程正在从方向、分布和多样性等方面，形塑通往可持续性的路径。这种形塑过程是根本性的，超越了在可持续性和生计讨论中长期确立的关于资源获取和控制的政治经济学分析（Leach et al. 1999；Ribot and Peluso 2003；Peluso and Lund 2011）（见第四章）。

重构可持续性：政治与谈判

鉴于上述讨论，我们该如何将可持续性与生计联系起来？此前介绍的定义仍然适用，但需要扩展，尤其需要包括前面讨论的政治维度。诚然，压力和冲击必须得以应对或缓解，资产和能力必须得以维持或提高，诸多生计依赖的自然资源基础绝不能遭到破坏。然而，我们不能只关注个体的生计和他们所在的地区，还要关注在市场关系、商品化与金融化进程、资源获取与控制的激烈竞争等全球政治经济背景下这些生计内容是如何谈判决定的。

所以，我们必须考察结构性因素是如何促进或限制生计资源、生计策略和生计结果的（包括广泛的可行能力）（见第二章）。这些可能就是由环境限制决定的"边界"，也可能是由诸如资源分配不均、全球化市场的运作或精英对资源的俘获等因素决定的社会政治"边界"。

因此，生计可持续性是在各种机会和限制的错综复杂情境下谈判而来的。可持续路径是众多选择中的一种，由于很多人的政治能动性与话语权非常有限，所以这种选择并非永远都有可能。以这种方式重构的可持续性必然涉及围绕可持续性路径进行谈判的权力，谈判的内容不仅包括知识和不同情况下可持续性的含义，还包括资源获取与控制、市场关系及方向选择。这里的核心便是要关注生计和环境的政治经济学，这将在下一章具体讨论。

| 第六章 |

生计与政治经济学

生计在特定的环境中展开，并受到权力和政治的深刻影响。第四章聚焦影响生计策略和生计结果的制度、组织与政策过程，第五章关注可持续生计路径的政治谈判与协商。除此之外，我们还必须将生计分析置于更为广阔的背景之中。这里指的是在诸多方面形成的长期历史模式，这些方面包括围绕不同社会群体的结构性权力关系，国家和其他权力主体的政治经济控制过程，以及整个社会生产、积累、投资和再生产的不同模式，等等。换言之，这一背景就是生计的政治经济学[1]。

多样性的统一

卡尔·马克思和其他古典政治经济学家关注普遍的历史模式、影响资本和劳动关系变化的历史过程，以及促生这些模式的潜在的、多样化的决定因素。在《政治经济学批判大纲》第一章关于方法的论述中，马克思指出，政治经济学批判方法旨在揭示"许多规定和关系的丰富的总体"，它有助于通过概念抽象和详细的经验观察之间的迭代而形成一种"具体的"理解："具体之所以具体，因为它是许多规定的综合，因而是多样性的统一。"（Marx 1973：100-101）他解释道，为了避免"混沌的关于整体的表象"，采用辩证的方法会：

> 在分析中达到越来越简单的概念；从表象中的具体达到越来越稀薄的抽象，直到我达到一些最简单的规定。于是行程又得从那里回过头来，直到我最后又回到人口，但是这回人口已不是一个混沌的关于整体的表象，而是一个具有许多规定和关系的丰富的总体了。（Marx 1973：100）

因此，他认为，我们可以从结构和关系两个方面来理解这个世界。

　　这种基于实践的政治经济学方法能够对多样化的生计策略进行细致描述，对长时段的生计轨迹及其结构性的调节和形塑进行评估。它还关注不同阶级之间政治和经济联盟的形成，以及由此对政治经济产生的广泛影响。正如亨利·伯恩斯坦所言，在多样化生计背景的具体特性和阶级关系及其动态演变的宏观抽象与历史趋势之间交叉往复，有助于我们深刻理解农政变迁与分化过程的长期演变（Bernstein 2010a：209）。布里奇特·奥劳克林（Bridget O'Laughlin 2002，2004）也认同这个观点。她指出，在生计分析中，要超越描述性的、纯粹经验主义的方法，要对结构背景下的生计进行更加理论化的概括。这不是在召唤一种元理论，元理论的时代已成过去（Sumner and Tribe 2008）。她呼吁我们关注高度具体的、多样的、复杂的和情境化的因素与结构的、历史的和关系性的力量之间所存在的张力、矛盾与机遇，这种关联互动持续地形塑和重塑了不同群体的生计轨迹。这促使我们把研究工作从描述转为解释，将具体情境与广泛的模式和过程联系起来，揭示哪些"规定"产生了怎样的重要作用，它们之间又是如何相互关联的。

　　那么，我们如何采用这种多维方法？一项关于津巴布韦土地改革的研究就把农政变迁的阶级分析与生计策略的描述性研究进行了结合（Scoones et al. 2010，2012）。这项研究基于对约 400 个家庭的样本调查，总结了 15 种不同的生计策略。这些生计策略涵盖了安德鲁·多沃德及其同事（见第三章）划分的几种类型：从"求进"（积累和投资）、"求变"（多样化），再到"求稳"（以多种方式维生）和"退出"（致贫和迁离）（Dorward 2009；Dorward et al. 2009）。研究发现，有一大批家庭在进行"自下而上的积累"（accumulating from below）（Necosmos 1993；Cousins 2010），他们通过农业生产和其他地方性的经济活动，积累资产、进行投资。研究发现：

> 这既包括新兴的农村小资产阶级（他们积累资产、雇用劳动力、出售剩余产品等），也包括规模庞大的小商品生产者。其中一些家庭比其他家庭更成功，因为很多家庭生计策略的重点在于维持再生产，其积累也只是断断续续的。能够将非农收入与成功的农业生产相结合的工农家庭（worker-peasant household），也很成功……相比之下，有很多所谓的半务农者（semi-peasant）和农民工，他们通常要出卖自己的劳动力、做季节工或临时工，他们无法实现积累，往往只能维持自身劳动力的再生产。他们要么离乡外出，要么为了谋生铤而走险、孤注一掷。处在这两个极端之间的，是一个混合群体……（所以）我们看到了多种阶级类型，从那些处于上升轨道和迅速积累期的群体（从小商品生产者到成为农

村小资产阶级的一部分），到那些过得不差但必须依靠多种生计方式（小商品生产、非农多样化活动、正规就业等）的群体。（Scoones et al. 2012：521）

这项研究将那些进行"自下而上积累"的群体，与那些在一定程度上通过庇护关系或其他方式依赖"自上而下积累"的群体进行了区分。考虑到各种政治经济联盟的性质不同、对土地的政治承诺不同，将这两类群体进行区分，对于全面评估农政变迁是极为重要的。该研究得出的结论是，"新安置区的阶级构成非常复杂，阶级识别往往是非常偶然性的，不易进行清晰分类。再加上年龄、性别和种族等差异因素，阶级划分变得更加困难"（Scoones et al. 2012：521）。

研究发现，伴随土地改革，会逐渐出现不同阶级，所有的农村地区都是如此。农民与资本和劳动的关系开始分化，有些人在进行积累，有些人则成为"中农"（middle peasant）、小商品生产者，有些人却无法进行再生产。劳动力市场（通常是非正规市场）变得极为重要和活跃，贫困群体在市场上出卖劳动力，其他人则在这里雇用劳动力。

此外，小规模家庭农场也总是处于不断变化中，从来都不是农业民粹主义者所想象的理想类型。在所有研究案例中，农场劳动总是与在地的或在其他地方的多样化经济活动相结合。随着资本主义的发展，尤其是在全球化的背景下，阶级之间的关系必然会发生转变。同样，这些阶级因性别、代际、种族等差异性因素而出现内在分裂，资本对不同群体也产生了不同影响（Bernstein 2010b）。

关于阶级的这些"社会事实"（social fact）是否会使不同群体因生计而引发集体政治行动和冲突，将取决于一系列具体的情境（Mamdani 1996）。以津巴布韦为例，土地改革之后的阶级形成还在持续变化之中，在有些地区，种族因素产生了广泛影响（Scoones et al. 2012）。新的集体政治行动能否形成、小规模农业生计能否得到倡导，有待进一步观察（Scoones et al. 2015）。

阶级、生计与农政变迁

有研究指出，在不同地区，农政变迁的阶级动力呈现不同特征，这取决于当地土地权属变化、资本主义渗透和定居者殖民化的历史模式（Amin 1976；Arrighi 1994）。在《农政变迁的阶级动力》一书中，亨利·伯恩斯坦概括了农政转型的不同路径，包括农政转型的英格兰式道路、美国式道路、普鲁士式道路和东亚式道路等。每种路径都体现了不同的转型特征，如由封建制度转型而来，由小农转型为资本主义农场主，或是由国家通过税收等强制手段形成其他的转型模式（Byres 1996；Bernstein 2010a：25-37）。

对不同地区的经验研究表明，农政转型的"理想型"在实践中千差万别，表现出偶然性和多样性。例如，在非洲南部的原殖民地区，无产阶级化与小商品生产的兴起同时发生，产生了诸如农民工、半农（semi-peasantry）等重要的混杂阶级类型（Cousins et al. 1992）。在拉丁美洲，土地改革之后，地主经营的大庄园农业的转型导致了农村居民的半无产化（semi-proletarianiza-tion），出现了大规模的商业农场、种植园和少量小规模的小商品生产（De Janvry 1981）。在印度，地主制的瓦解导致农民数量大幅增加，很多农民直接或间接受益于绿色革命（Green Revolution），特别是在那些有灌溉条件的地区（Hazell and Ramasamy 1991）。但与此同时，由于人均土地面积的减少和绿色革命的局限性，劳工群体（labouring population）的数量激增，他们与土地的联结也发生了变化（Harris-White and Gooptu 2009）。

因此，农村居民可能是农民、工人、商人、照料者或其他角色，他们的经济活动跨越了城乡的分野。阶级并非单一的、自然的或静态的。前面介绍的津巴布韦的案例研究概括了15种生计策略，涵盖了一个省庞杂的生计活动（Scoones et al. 2010，2012）。考虑到这些混杂生计策略和阶级身份的多样性，积累又是如何发生的？本·卡曾斯（Ben Cousins）基于他在南非农村的研究，指出：

> 成功的自下而上的积累意味着，一个生产性的小规模资本主义农民（农场主）阶级从一个更加庞大的小商品生产者、农民工、拥有配给土地的雇佣工人和辅助性食物生产者群体中脱颖而出。（Cousins 2010：17）

因此，多元的生计策略伴随着并创造了一种独特的农政变迁，对社会关系、政治和经济产生了广泛的影响。如果生产性的小规模资本主义农民群体能够实现自下而上的积累，他们就会需要劳动力。这将给农民工创造就业机会，他们在打零工的同时，还能在自己的土地上耕作。雇佣工人也会出现，他们可能获得农场主配给的小块土地，也可能将家人留在农村或城市的家中。

积累会导致分化，产生赢家或输家。分化的模式取决于人们攫取剩余的能力。分化不只体现在阶级层面，还会沿着性别、年龄和种族等维度展开。每一个维度的差异性相互交织，随时间的推移而影响生计的变化。

确实，只有以动态的、历时的视角，植根于农政变迁的过程之中，才能理解生计的长期演变轨迹。生计并不是孤立或独立存在的，而是与当地及更广泛地区发生的事件紧密联系。因此，广阔的政治经济学视角对任何生计分析都至关重要。

国家、市场与公民

国家、市场和公民之间的关系，是生计的政治经济学分析的核心。这些关系会在世界不同地区和不同的历史时刻发生转换。然而，在农政变迁乃至广泛的政治和经济变迁的关键时刻，这三者之间的交互作用、张力和冲突会从根本上影响人们的生计。

例如，卡尔·波兰尼关注市场与社会在历史上的张力关系，以及由此产生的政治形式（Polanyi 1944）。《大转型》一书的核心也是围绕生计。波兰尼在该书中指出，19世纪晚期欧洲经济自由主义的兴起导致了市场的脱嵌，加速了资本主义和社会的危机，最终引发了冲突和战争。在他看来，自由主义市场的兴起对生计产生了深远影响，这不仅体现在生产和劳动领域，更为关键的是对照料提供和保护能力产生了影响。这种影响引发了一种"双重运动"（double movement），声称经济生活和生计需要全面商品化的自由市场派与主张对市场力量进行道德、伦理和行动规制的保护主义者针锋相对、争执不休。波兰尼认为，劳动力、土地和货币都是"虚拟商品"（fictitious commodity），它们根植于社会运行之中，无法被市场化。这种形式的商品化只能带来动荡、冲突和生计丧失，会对社区、景观和自然造成严重破坏。

在当代资本主义和社会危机的情势下，波兰尼的思想重新被提及不足为奇。然而，正如南茜·弗雷泽（Fraser 2012，2013）强调的，我们应该警惕将市场与社会简单对立起来的做法，不要认为按照社会保护主义的主张，将市场重新嵌入社会规制之下，就可以万事大吉。因为，如她所说，社会的规则和制度中同样包含着可以自我复制的支配形式。社会、市场和人的关系一直都是历史建构的结果，是鲜活的政治。弗雷泽认为，我们需要相对于"双重运动"的第三种运动，以挑战这些嵌入历史之中的支配形式。相对于让一个仁慈的国家代表社会对市场进行必要的制衡，弗雷泽更期待一种根植于市民社会公共领域的解放运动。

这对于探讨生计议题意味着什么？显而易见，国家、市场与公民之间的关系至关重要。将其中任何一个主体进行本质化的、静态的和非历史性的简化都是有问题的。支配的形式或许早已根深蒂固，任何进步的行动都必须向其发起挑战。世界各地的生计活动都深陷资本主义危机之中，对劳动力、照料和环境产生了多重影响。一条通向可持续生计的政治路径必须直面这些问题。

所以，按照弗雷泽（Fraser 2011）的观点，我们要将对商品化的批判与对支配的批判联系起来。譬如说，环境主义者对资本主义资源攫取的批判，不应导向一种排斥生计和削弱生计的僵化的环境保护主义。同样，对社会保护和以照料经济巩固生计的主张，也不应忽视与搁置社会中存在的不平等和剥削。

小　结

生计的政治经济学必须涵盖上述强调的所有维度，并将这一分析纳入对当代国家、社会和自然关系的理论建构之中。在生计分析中，我们要将"谁在特定地方做什么"的微观理解与形塑机会和制造限制的种种结构的、情境的、历史的驱动力广泛结合起来（Bernstein and Woodhouse 2001；Batterbury 2007）。在下一章，我将介绍一些案例和扩展型生计分析框架，以促进我们从政治经济学的视角提出恰当的研究问题。

注　释

[1] 这种分析立场更多来自马克思主义政治经济学传统，而不是近来发展研究领域所说的"治理"或"政治激励"等框架（Hudson and Leftwich 2014）；生计研究则从伯恩斯坦等（Bernstein et al. 1992）学者的研究中获得很多启发。

第七章

提出恰当问题：扩展生计分析法

要掌握第六章提出的关于生计的政治经济学分析，就要能够提出恰当的问题。亨利·伯恩斯坦曾提出一整套非常好的核心问题，迈克尔·沃茨称其为"伯恩斯坦俳句"（Bernstein *haiku*）（Watts 2012）。我们可以把这些问题与传统的生计分析直接联系起来，以深化和扩展早期的分析框架。

这四个核心问题是：

❑ 谁拥有什么（或谁有权使用什么）？这涉及生计资产与生计资源的产权和所有权问题。

❑ 谁从事什么？这涉及劳动的社会分工、雇主和雇工之间的区别，以及基于性别的劳动分工等问题。

❑ 谁得到什么？这涉及收入和资产，以及长期积累模式、社会分化过程与经济分化过程等问题。

　　□ 他们用获得物做什么？这涉及一系列生计策略及其对消费方式、社会再生产和储蓄及投资模式的影响等问题（Bernstein et al. 1992：24-25；Bernstein 2010a）。

在以上四个问题的基础上，我们可以增加两个问题（www.iss.nl/ldpi）。这两个问题都强调了当代社会面临的社会挑战和生态挑战：

　　□ 社会和国家内部的各阶层、各群体是如何互动的？这个问题关注的是社会内部以及公民与国家之间的社会关系、制度及支配形式，这些都会对生计产生影响。

　　□ 政治变化与生态变化是如何相互影响的？这涉及政治生态学问题，尤其是，环境变化如何影响生计活动，生计活动又如何通过获取资源和获得禀赋的不同方式影响环境等问题。

这六个问题是批判性农政与环境研究的核心。任何想要与广泛的农政变迁的政治经济学研究相结合的生计研究，都可以从这六个问题入手。在下一章，我将进一步阐明早期的生计框架可以借由这些问题获得新的活力，使生计分析更具批判性农政变迁研究的色彩。图7-1是

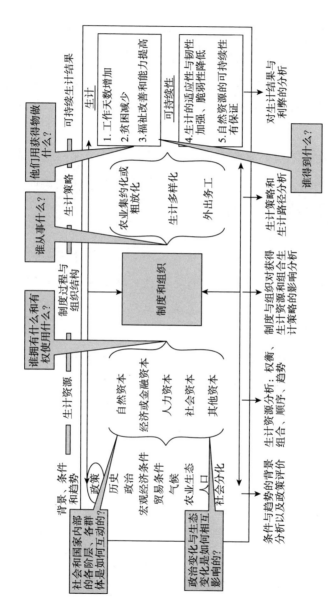

图 7 - 1 扩展版生计框架（Scoones 1998）

生计框架的扩展版。它加入了上述六个问题，强调了早期生计框架经常忽略的面向。我当然不是在试图提出一个人人都要奉为圭臬的新框架。相反，我鼓励读者创造自己的框架！在分析过程中，最重要的是要认真思考上述问题、关系以及它们之间的联系。亦如下一章指出的，重要的是创新研究方法的组合，找到问题的答案。

政治经济学与农村生计分析：六个案例

接下来的内容将阐述扩展版生计分析法在六个案例中的应用。这六个案例说明，深入、长期、微观层面的生计分析——马克思意义上的"复合的规定"（multiple determinations）——可以帮助我们理解广泛的农政变迁。当然，案例的原始材料并不是围绕这六个关键问题组织起来的，但它们都是在某些特定地区开展的长期实地研究的详细记录。此类的优秀案例还有很多。我之所以选择这六个案例，是因为它们具有不同的背景。我希望它们能给读者带来有益的启发和灵感。

案例 1：印度西部部落地区（Mosse et al. 2002；Mosse 2007，2010）

该案例聚焦印度西部高山森林区的部落社区。随着印度城市经济的快速扩张和发展，当地以农业和林业为基础的生计方式日益与外出务工活动相结合。在此过程中，资本主义经济发展形成的社会关系强化了不平等模式，造成了对人的剥削、剥夺和异化。

谁拥有什么？自殖民时期至今，林区的土地权属一直受到外部干预的破坏。在殖民时代，殖民者给森林划定边界；在经济改革时期，国家推动了对土地和矿产的征用。这些干预破坏了传统的生计策略，致使资产流失、贫困加剧。

谁从事什么？部落内的农民种植粮食作物，在当地市场销售。然而，当地市场逐渐被纳入资本主义生产体系，变得越来越不稳定。农民为了维持生计，不得不季节性外出务工。可以说，外出务工的机会确实增多了，特别是在附近城市的建筑行业务工，但工资很低。包工头把持着工作机会，盘剥着务工农民。

谁得到什么？以往很偏远的地区现在都已经被市场力量与资本主义控制和渗透，分化开始加剧。在一些群体中，贫困持续存在，极度脆弱的人越来越多；而大地主、放贷人和包工头却从中牟利。因此，不平等程度持续加深。

他们用获得物做什么？小农出售维持生计的粮食，以偿还债务。对于没有技能的临时工来说，虽然工资较低、工作条件较差，但他们确实可以赚钱寄回家乡，有时这些钱还能用于农村生产。那些能够利用生产关系和市场的人，则从新的不平等形式中获益。

群体之间如何互动？社会关系以剥削和剥夺为特征。商人、政府官员、包工头还有其他人，都可能剥削当地部落农民，剥夺他们的资产。在政治上，存在各种形式的直接排斥，部落农民运动开始出现和发声。社会结构上的（往往是高度性别化的）弱势地位引发了各种极端形式的排斥，有时甚至引发冲突。

政治与生态如何变化？因为外来者的商业性开采，之前树木葳蕤的森林如今已被砍伐殆尽。位于高地的区域干旱贫瘠，农业生产因此容易遭遇旱灾。随着当地居民可利用资源的减少，生态脆弱性进一步加剧。

案例 2：印度尼西亚苏拉威西岛高原地区（Li 2014；Hall et al. 2011）

该案例来自印度尼西亚苏拉威西岛中部的高原地区。当地的焚林耕种传统已经被小规模的可可生产取代。国际市场需求通过社会关系的改变，重塑了地方景观与生计。在此过程中，一些人（包括当地人和外来者）积累了财富，另一些人则被剥夺了财产，只能在原本属于他们的农场上做雇佣劳工。这一过程虽然是自发的，并不是外部力量强加的，却反映了人的能动性的多种后果，也反映了在文化和历史方面影响生计的种种变化。

谁拥有什么？之前，当地农民集体拥有焚林耕种的土地；现在，每个耕种农民拥有 2—3 公顷的可可种植地。可可种植导致了土地权属的私有化以及日益增多的失地现象。农民常常因为经济窘迫和迫切的现金需求，将个人的地块卖掉。买进土地的人既有外来者，也有富有的本地人，这使土地的占有越来越分化。

谁从事什么？传统的焚林耕种结合了粮食生产（水稻和玉米）和经济作物生产（早期为烟草，后期为大葱）。农民在市场上出售经济作物，买入海岸产品。妇女主要从事农业生产，男性则经常前往沿海地区从事季节性工作。可可的繁荣减少了农民对外出务工的依赖，使保住土地的农户收入大幅增加。那些没有土地或者已经卖掉土地的人，则成为可可农场上的本地雇佣劳工。

谁得到什么？通过圈地以及土地和作物的商品化，社会开始快速分化。一些人积累了庞大的财富，另一些人则成为无地的雇佣劳工。在某些地区，外来者大量涌入，本地人和外来者之间也出现了分化，许多本地人在市场竞争中落败。

他们用获得物做什么？从可可热潮中获利的人改善了住房和车辆，购买了沿海现代化城市里的服饰行头。那些被排斥和被剥夺的人，则不得不靠出卖劳动力为生，用赚到的工资购买生活必需品。

群体之间如何互动？当地的权力圈根植于其历史、文化和经济过程之中，反映了人的能动性，影响着谁为什么会得到什么。随着老一辈积累资产、年轻人破产退出，群体之间的张力和冲突不断加剧。女性一般能在可可的生产和销售中找到新的位置，但并非总能成功。在习惯法和正式法律互相矛盾的混杂法律制度下，冲突越来越多，且很难得到解决。

政治与生态如何变化？焚林耕种系统原本可以让广袤的高地林区休植数年，但现在林区已经基本变成单一种植的商业性生产系统，森林面积所剩无几。外来者的涌入和主要作物病虫害的周期性暴发，使先前的焚林耕种系统承受巨大压力，促使更多农民转而种植可可。

案例3：厄瓜多尔安第斯地区（Bebbington 2000，2001）

该案例来自厄瓜多尔安第斯地区。在该地区，不同的生计策略使农村家庭得以维生，更重要的是令他们保留了原住民的身份。土地改革后，农民通过外出务工积累财富，改善在农村的居住条件。在有些地方，人们能够从事灌溉园艺、纺织业和贸易活动，带动了旅游业的发展。社会分化已经出现，但人们的地域归属感和文化联结仍然很重要。

谁拥有什么？1964年和1973年的土地改革使小规模农业得到发展，大庄园和教堂的控制力减弱。农民摆脱了雇佣劳动关系的束缚，开始独立生产。恶劣的条件和可用资源的匮乏，也意味着人们有必要采取多样化的生计策略。

谁从事什么？人们既从事小农生产，也外出务工。这种分工是高度性别化的。一般来说，（较年轻的）男性前往沿海地区务工，但他们会与家乡保持联系，将务工所得用于在家乡的投资，尤其是投资于农村的住房。有些人能获得更有价值的土地，如有水灌溉的谷底土地，这样他们就能从事灌溉园艺；还有一些人则做起小生意，或进入纺织品制造和旅游服务领域。

谁得到什么？农业收入下降，而且非常不稳定。因此，人们有必要从事多种经营。许多人必须外出务工。在当地资产所有权（特别是优质土地的所有权）以及非农活动和外出务工机会的影响下，社会分化开始出现。

他们用获得物做什么？土地改革之后，那些能购买更优质土地的人以农村和农业为基础，实现积累，并从中获益。其他一些人有更为多样化的生计，并将所得收益用于家乡住房和土地的投资。

群体之间如何互动？人们与大庄园和教堂之间旧有的依赖关系已被解除。以经济和投资活动为中心的地方所有权意识开始增强。这引发了政治和权威结构的变化。新的制度以及地方委员会和新教福音教会等开始出现。克丘亚族等的原住民身份很重要，影响着他们的生计选择。文化经济的混杂形式开始形成，并将地方特有的生计策略与广泛的移民网络联系了起来。

政治与生态如何变化？高山地貌使集约型农业难以进行，而坡地又因为过度使用而土壤退化。谷底由于具有灌溉的潜力，成为重要的资源。这些不同类型土地在使用权上的差异，决定了谁可以不用外出务工，而完全以农业为生。

案例 4：南非西开普省葡萄酒之乡（Du Toit and Ewert 2002；Ewert and Du Toit 2005）

该案例是关于南非西开普省的葡萄酒生产。在南非，全球葡萄酒市场的变化、行业管制的放松以及国家对劳工权利的干预，使葡萄种植者和劳工的生计机会都发生了重大转变。新的分化模式出现：一些葡萄种植者能够将产品销售到国际高端市场，另一些则更依赖本地市场；一些劳工可以被长期雇用，另一些则只能打零工。

谁拥有什么？不同葡萄酒庄园的规模和组织结构各不相同，雇佣类型也不一样，包括长期雇佣和临时雇佣。雇佣劳动有临工化的趋势。那些几乎一贫如洗的临时工，一般来自葡萄酒产区所在的乡镇和城郊。但价值链下游的加工商和经销商掌握更多的经济权力，葡萄种植者手中的权力变少。这也使葡萄酒生产商的回旋余地变小。

谁从事什么？全球市场竞争激烈，存在生产现代化的巨大压力。这意味着生产商会用较好的条件雇用长期技术工（通常是来自混血"有色"人种社区的男性），并雇用女性、黑人和讲科萨语的移民做临工。所有的农场都减少了长期劳工，增加了临工。

谁得到什么？能够生产高价出口产品的农场与生产不了类似产品的农场之间存在巨大差异，不同类别的劳工之间也天差地别。他们的生计机会完全不同。导致这些差异的原因包括更久远的历史因素、种植特定葡萄品种的农业生态条件、合作伙伴以及工人的技能和背景。种族是造成机会差异的主要因素之一。农场主如果是白人，那么长期工多半是混血，临时工多半是黑人。

他们用获得物做什么？欧洲和现在亚洲葡萄酒销量的增长，使出口葡萄酒的利润变得相当可观。成功的葡萄酒商因此过上了奢华的生活。国家强制立法使长期工的工作条件得到改善，工资有所提高。他们的工资主要用于维持生计，购买食物和其他消费品。还有越来越多以女性为主的临时工，她们住在农场外条件很差的城区和城郊，所得的工资无法满足日常所需。她们的生活极端贫困，靠多样化的生计活动和福利津贴生存。

群体之间如何互动？农场主和工人之间旧有的、以种族为基础的家长式的关系正在改变，但变化比较缓慢。种族差异仍然影响着他们之间的关系，彼此间的紧张也显而易见。政府立法旨在改善工人的工作条件，但执行起来并不全心全意，而且立法与临时工没有什么关系。工人组织的影响力不大，一方面是因为工会的规模有限，另一方面是因为农场的管理是家长式的。

政治与生态如何变化？ 只有某些葡萄品种适合生产高价出口葡萄酒。它们种植在开普省较为湿润的地区。干旱地区的农民必须依靠另外的市场。因此，地方生态环境影响了市场机会，进而影响了生计模式。

案例 5：加纳北部上东区（Whitehead 2002，2006）

该案例来自加纳北部一个极其贫困的干旱地区，即上东区。在这个地区，人们从事粗放型旱地耕作和非农活动，也外出务工。长期以来，家庭生计成功的关键，取决于关键资产禀赋及大家庭对劳动力的管理。

谁拥有什么？ 尽管农场的规模大小不一，但土地都相对充足。家庭成员中的男性耕作大块土地，女性则在离家较近的地方耕作小块土地。这些地块之间差异较大，离家近的小地块耕作更加精细，离家远的大地块耕作更为粗放。关键资产包括牛、小牲畜和犁。牲畜的粪便对于农业生产非常重要，在化肥价格上涨时尤其如此。资产的所有权高度分化，少数男性占有大多数牲畜和犁。

谁从事什么？ 在大家庭中，男性种植高粱、小米、棉花、花生和水稻，女性则主要种植花生和蔬菜。越来越多的女性进入非农领域，如做小生意，但通常赚得不多。男性在旱季时会外出务工，但所得工资非常有限。在农忙季节，较贫困的家庭会为较富裕的家庭出工，按件计酬。

谁得到什么？那些一开始就拥有一定资源禀赋（尤其是牛和农耕用具）且有劳动力可以充当雇佣劳工的大家庭能够积累财富，从而减少由变幻莫测的天气和市场带来的脆弱性。家庭分化的主要因素在于劳动力的多少。受人口周期变化以及死亡、疾病、体弱和男性外出务工等偶然因素的影响，家庭劳动力的数量会随时间而波动。全国性大范围的经济危机会放大外部经济因素的影响，导致市场价格低迷、国家支持减少、外出务工机会减少等，从而影响农民生计。

他们用获得物做什么？投资的重点是牲畜和犁这两项重要资产。小型牲畜也很重要，在淡季出售可以换得食物和其他商品。对住房（锌皮屋顶）、儿童教育和医疗卫生的投入也十分重要。非农收入和雇佣劳动的报酬往往有限，这些活动会让农民离开土地，落入脆弱和贫困陷阱。其中一些人要么沦为赤贫，要么被迫背井离乡。

群体之间如何互动？大家庭是重要资产的持有者和合作劳动的基本单位。管理家庭和雇用工人是一个非常关键的过程，需要依靠良好的社会关系。成功的大家庭会吸引更多成员加入，从而拥有更多的劳动力，形成良性循环。经营好社会关系、管理好家庭内部和外部的冲突，对大家庭生计的成功至关重要。来自政府和非政府组织的外部支持也会提供重要资产。这些资产为少数人带来了机会，但大多数人仍处在极为不利的劳动条件和市场关系之中，因为土地争夺和社会冲突（尤其是不同种族群体之间）还在日益加剧。

政治与生态如何变化？在草原地区，粗放型旱地种植是主要的农业生产方式。对一些农民来说，拥有可以种植洋葱的河床上较为潮湿的小块土地十分重要。由于缺少持续的农业投入，旷野的土地日渐贫瘠，这对生产造成影响。虽然仍有灌木丛可以清理出来耕种或放牧，但它们离村落较远，而且土地纷争日益严重。

案例 6：中国河北省（Ye et al. 2009；van der Ploeg and Ye 2010；Ye and Pan 2011）

该案例来自距离北京约 200 公里的河北省易县。案例是以在易县坡仓乡开展的一系列深入农村调查为基础而形成的。随着农业生产从集体化走向家庭联产承包责任制，以及之后中国快速城市化和工业化对劳动力需求的增加，当地发生了显著变迁。然而，户籍制度限制了农村家庭向城市整体迁移，外出者与家乡保持着持续联系。这些因素使农民生计发生了巨大变化，其中至少有四条变化轨迹。一些人加强了小农生计和生产，也扩展了非农活动，并专门生产新型农产品。另一些人在农业以外的领域开展多样化的生计活动，如在镇上和村里的企业、矿山从事非农工作，或者做买卖、外出务工。一些家庭中的男性（也有女性）劳动力外出务工，老人、妇女和孩子留守；他们缩小了农业生产规模，每个家庭耕种的土地都比较小。还有一些人的生计机会相对减少，家庭收入相对较少。尽管在土地承包分配时，各个家庭的资产相差不大，但分化还是出现。农民的分化受国家政策、村内外的社会关系以及不断变化的劳动力外出情况影响。

谁拥有什么？20世纪80年代早期，家庭联产承包责任制开始实施，土地被分配给农户耕种。每人承包土地的数量相同。各户的土地不多，不到1公顷，有些甚至只有0.1公顷；有的农户将土地经营权流转给其他农户。有些村民承包山地，面积1—2公顷不等，租期50—70年，用来放牧和种树。当地重要的资产就是牲畜（尤其是羊）和树木（如板栗树和核桃树）。近年来，这些商品开始专业化生产。

谁从事什么？当地农民采用了多种生计策略，反映了上述不同的变迁轨迹。传统的农业生产以季节性灌溉的小麦、玉米、红薯和花生种植为主。外出务工是一个重要因素。村里大多数家庭会有一个以上劳动力外出务工（男性为主）。他们前往各工业中心务工，时间有长有短。有些人外出务工的时间长达10年，其间返乡次数不多；而另一些人就近务工，在村镇附近的本地工业企业或者铁矿厂和蛭石厂工作，他们可以经常回家。常住人口以老人、妇女和儿童为主。儿童参与一些农业和非农劳动。由于成年劳动力减少，有些家庭简化了农业生产活动，缩小了耕种面积。当地有各种各样的非农创收渠道，如做买卖、经营磨坊、生产粉条、制造石棉瓦、销售饲料甚至养蝎子等。

谁得到什么？尽管每人分配到的土地数量差不多，但由于各家获得的务工汇款有差异，分化越来越明显。有些人通过外出务工和社会关系积累了知识、专业技术和人脉；有些人以专业化的方式生产某些高价值的产品，如羊毛、蔬菜或中药材等。这些人变得更加富有，家庭生计变得更加稳固。

他们用获得物做什么？务工汇款收入不仅被用于改善居住条件、提高消费水平，也被用于加大对农业生产的投资。这些投资包括购买农业机械（如三轮拖拉机和灌溉设备）、增加农业投入（如化肥）和建设基础设施（如温室大棚）等。也有很多汇款收入被用于基本的社会再生产和日常生活，这是家庭社会保障体系的一部分。

群体之间如何互动？外出务工造成了村庄人口结构失衡。新的照料关系形成，通常是祖辈负责照顾儿童。留守儿童缺少父母的照料，有的不得不参与劳动，这对他们的社会化过程和心理状况造成了一定的负面影响。一些村民通过以信任和合作为基础的社会关系，获得了知识和专业技能，实现了财富积累。

政治与生态如何变化？这里是山区，沙质土壤较为贫瘠。能否利用河水进行灌溉对农作物生产至关重要，能否承包山地放牧对发展畜牧业也很重要。采矿业的兴衰影响非农生计机会。可耕作的优质水浇地数量有限。这限制了农业增长的潜力，促使农民开展多种非农活动以及外出务工。

新主题

每一个背景不同的案例都展现了农村生计的动态变化和多样性，说明了农村生计如何受到长期的历史进程和普遍的结构性因素影响。农业和非农活动结合紧密，农村和城市之间的联系至关重要。正如伯恩斯坦（Bernstein 2010a）指出的，我们无法简单地对人们的生计类型或身份（农民、工人、商人或者移民）进行归类，因为有时候他们集多种身份于一身。正如下一章将要论述的，理解农村生计，需要结合不同的方法，并采用纵向历时视角。这些案例呈现六个新主题，也是本书行文至此希望强调的一些要点。

（1）多样化的农村生计源自长期的农政分化过程。生计分析的关键在于，考察积累模式是如何发生的，谁实现了积累，不同的阶级是如何形成的。新涌现的阶级通常是混杂的，如雇佣劳动或创业活动与农业生产的结合。不同生计的动态组合是一种常态。农民很少单纯务农，正如雇佣工人常常会从事维持生计的其他活动一样。因此，我们需要采用全面的、宽泛的视角进行生计分析。

（2）许多生计活动发生在农场之外，在范围更广的农村或城市地区进行。要理解农村生计，就要考察不同生计地点之间的联系。这些联系随着时间的变化，发生在不同世代之间、家庭内部成员之间以及不同家庭之间。最贫困的群体往往必须从事多种经济活动，以维持非常脆弱和不安全的生计。劳动力流动是所有案例都反复出现的一个特征，它不仅带来汇款，还带来愿望、文化价值和规范的变化。这些对当地生计产生了深远影响。

（3）生计受到市场变化和全球化的广泛影响。全球市场的变化会带来连锁反应，因此我们需要开阔的生计分析视角。国家也很重要，尽管我们看不到它。国家通过管制或放松管制、制定标准，影响着谁能做什么、成本如何。国家对外部投资或基础设施发展的促进，也从根本上重塑了生计机会。

（4）全球和国家层面的变化总会受到地方因素的影响。这意味着各地方的生计影响不可能一模一样。因此，对生计的分析，需要详细了解当地的社会、制度和政治过程；对大规模资本主义进程的分析，需要看到偶然性、个人能动性和特定背景经历的作用；对任何长时段生计变化的解释，都需要考虑历史、文化和社会关系。

（5）政治经济学分析需要清楚地解释社会关系及其对制度和组织的影响。这需要在不同的层面进行，包括非常微观的情境分析（如家庭内部劳动力的管理）和广泛的过程分析（如农民和工人的集体组织）。因此，政治经济学不仅考察结构变化的宏观特征，还涉及微观层面与生产、再生产、积累和投资有关的权力关系变化。

（6）在快速分化的背景下，赤裸裸的权力分割、对生计资源的争夺以及群体之间的冲突等情况不断出现。当存在含糊不清的混杂型制度和法律安排时，这些情况往往更为突出，导致清晰的谈判和仲裁难以展开。外来者和本地人之间、不同世代之间、不同性别之间以及土地所有者和劳工之间的种种冲突，都在上述案例中有明确呈现。因此，生计分析必须关注权力和能动性的交汇，以理解这些冲突的根源和动态变化。

小　结

结合农政变迁的广泛过程、积累与投资的模式以及阶级的形成，对特定背景下的生计进行细致的纵向历时分析，有助于我们将地方现实与广泛的过程联系起来。这要求我们对生产和劳动的社会关系及其生态基础提出恰当的问题。本章提出的六个核心问题为我们提供了一份初步清单。上文讨论的案例表明，回答这些问题能够给我们带来极大的启发。但是，对于每个案例，都要进行量体裁衣式的调查和分析。因此，虽然这些问题能够为可持续生计框架（见图7-1）带来有益的启示，但绝不应对其盲目遵从或视其为唯一。

我们面临的挑战是要了解当下正在发生什么，原因为何，并将其置于对社会变迁的政治和经济动力的广泛理解之中。只有把握住这些，支持生计的发展干预措施才能成功。因此，无论是研究者还是实践者，或集二者于一身的人，都需要了解生计路径的多样性以及不同生计路径之间的关系，以便评估什么干预措施对什么人是有效的。我们需要了解社会关系和制度背后的逻辑，包括国家的角色及其对生计结果的影响，从而了解谁获益、谁受损，了解哪些制度和政策杠杆可以发挥作用。我们还需要了解生计和生态是如何相互构成的，从而理解如何才能让生计变得更可持续。

生计干预总是要进入具有复杂历史和多重联系的动态系统。要理解干预措施可能带来的结果，需要对这种复杂性有充分的认识。无论某项生计干预措施是否改变土地权属的立法、是否改变移民法规、是否支持某个或其他社会群体的资产建设、是否通过农业研究和推广发展某种作物、是否涉及投资该地区的小规模企业，抑或涉及以上几个方面的组合，它都将对整个生计系统产生影响。这并不是我们不进行干预的理由。因为减贫、改善民生以及经济和社会赋权始终是非常重要的发展目标。相反，本章讨论的这种生计分析，应该使干预者更加明白、更有依据、更有准备地评估生计方法的风险及后果。

| 第八章 |

生计分析方法

上一章提出的那些问题，需要运用多种方法进行回应。我们的首要目标是"开放"和"扩展"关于生计变迁的讨论（Stirling 2007）。就方法而言，有定量的、定性的、研讨式的、参与式的等（Murray 2002；Angelsen 2011）。我们该如何选择适用的方法？这个问题真的有解吗？

对于研究者来说，在学科过度专业化之前，每个人都主张用一套特定的方法进行学术发表，这种做法相对容易。那个时候，研究工作的灵活性较大、可利用的机会较多，研究者能够相互学习、开展团队合作，学科之间的对话也比较频繁（Bardhan 1989）。同样，对于实践者来说，在"审计"的压力以及追求成功和影响力的组织目标还较为温和的时候，实践领域的开放性更强、学习氛围更浓。所以，在早期那样一个以解决现实问题和应对实践挑战为目标的时代，生计分析方法得以蓬勃发展不足为奇。这些方法不必受狭隘的专业化及其方法、测量工具和指标束缚，也没有繁复官僚程序的限制。

本章考察的是生计分析使用的各种方法。这一章首先讨论如何将这些方法进行组合，以打破学科壁垒，获知真实生计状况的复杂性和多样性；其次讨论在发展行动和发展政策中将生计视角操作化的那些具体方法，并检视它们反映复杂现实的有效性；最后讨论如何将政治经济分析纳入生计分析方法。

混合方法：超越学科局限

早期的生计分析方法具有哪些方法论的特点？第一，它关注生态与社会之间以及政治与经济之间的互动联系。自然与社会、经济与政治之间并不存在今日这般泾渭分明的学科分隔。第二，它关注历史和长时段的变化，将当下的观察置于历史背景之中，有时也会采用一种特定的历史变迁理论（马克思就是一个例子）。村庄综合研究方法就是典型的历时性研究，其中有些村庄综合研究会跨越30年或更长的时段。第三，它的突出特点是众所周知的"三角测量原理"（principle of triangulation），即采用不同方法、从不同维度进行交叉检验。

　　自 20 世纪 70—80 年代，随着发展行业和整个学术界被学科控制，研究视角的单一性和狭隘性问题开始显现。学科专业化在某些领域具有明显优势，如医学和量子物理，在其他领域则不那么突出。随着发展从本质上成了新古典经济学的一个特定分支（至少在世界银行和一些主要的发展机构那里是如此），它的视野变得愈发局促，提出的建议也愈发狭隘。在这一时期，结构调整计划被视为有效的发展方案，当然，它产生的后果已是众所周知、无须多言的。这一过程表明，单一学科视角的垄断限制了方法工具，束缚了科学辩论，排斥了多元视角，使一个不接受任何批评的方法大行其道。结构调整计划这一例子表明，在政治和制度的支持强化下，方法论霸权会带来严重且广泛的破坏和损失（Wade 1996；Broad 2006）。

　　当然，这样的霸权也引起社会运动、学者、实践者等多方的抵抗。例如，20 世纪 70 年代末，出于对罗伯特·钱伯斯戏称为"调查奴役"的调查方法的不满，快速农村评估方法开始出现。这一方法借鉴了人类学、心理学、农业生态系统分析等诸多视角，在 20 世纪 80 年代获得大批拥趸（Howes and Chambers 1979；Chambers 1983；Conway 1985）。这一方法是由研究者和实践者共同设计的，能够使调研团队深入农村地区，发现和了解真实的农村生计。随着当地人被鼓励直接参与实地调查，该方法又发展成为"参与式农村评估"（Chambers 1994）和"参与式学习与行动"[1]。

20 世纪 70 年代，拉丁美洲的社会活动家和学者还发起一场更为激进的运动，被称为"参与式行动研究"（participatory action research）（Fals Borda and Rahman 1991; Reason and Bradbury 2001）。这一运动从保罗·弗莱雷（Paulo Freire 1970）对传统学校教育和学习方式的批判中获得灵感。它作为"解放神学"（liberation theology）的一部分，被社会运动吸收，对于激发人们认清自身生存状态、发起抗争行动，特别是抵抗拉丁美洲的独裁统治，具有重要作用。

在特定的学科霸权支配政策过程的同时，农村基层也经历着诸多变化。延续村庄综合研究的传统，学术界涌现很多针对村庄历史变迁主题的深入研究。史蒂夫·威金斯（Steve Wiggins）梳理了有关非洲的 26 项研究，每项研究都呈现了变迁的复杂性和多样性（Wiggins 2000）。例如，萨拉·贝里（Sara Berry 1993）在加纳以及玛丽·蒂芬和同事在肯尼亚开展的长期历史性研究，给当代生计研究带来重要启发。在印度南部，国际半干旱热带作物研究所（ICRISAT）就直接受益于早期的村庄综合研究（Walker and Ryan 1990）。此外，综合评估是农事系统研究的关键，它将社会经济研究与田间农学进行了结合（Gilbert et al. 1980）。后来的农民参与式研究（farmer participatory research）（Farrington 1988）和参与式技术开发（participatory technology development）（Haverkort et al. 1991）都借鉴了实地调研的参与式和跨学科融合等原则。同样，对环境和生计变化的长期研究，将技术和生物物理分析与生计评估进行了结合（Warren et al. 2001；Scoones 2001，2015）。

当研究者发现贫困存在动态变化特征、生计存在转变阈值特征时（见第二章），便转向了利用重复的追踪调查和长期的民族志方法进行纵向研究。彼得·戴维斯和鲍勃·鲍奇（Peter Davis and Bob Baulch 2011）对孟加拉国的贫困研究，就采用了这种混合方法。他们强调了将定量方法与定性方法相结合、将追踪调查与生活史方法相结合的重要性（Baulch and Scott 2006）。

近年来，复杂性——这个常常被提及的农村社会的特征，在发展研究的方法论层面受到更多关注（Eyben 2006；Guijt 2008；Ramalingam 2013）。基于复杂性科学和复杂性方法悠久多元的传统，从圣菲研究所[2]的定量建模（quantitative modelling），到基于扎根理论（grounded theory）和应急分析的定性调查（Denzin and Lincoln 2011），复杂性方法成为生计研究中一个重要的概念性框架和方法论工具。

但是，无论采用哪种方法，研究结论都会带有立场性，或多元或片面。女性主义批判研究强调，所有知识都不可避免地具有"情境性"，因此，任何研究都有必要采取一种"激情的疏离"（passionate detachment）立场，即承认研究者的主体性、身份和所在地方对研究的影响（Haraway 1988）。换句话说，这需要我们反思知识生成过程中的偏见与假设，需要在研究过程中保持反身性（Prowse 2010）。

生计评估的操作性方法

农村发展实践者和政策制定者如何回应生计方法的兴起和这些广泛的学术讨论？又如何将其转化为具体的操作方法和路径？

针对前文提出的核心观点，一种常见的回应方式是开展综合生计调查或评估，将其作为发展项目、救济行动或灾害应对的一部分。这些调查评估形式多样，复杂程度各不相同。

"家庭经济法"（household economy approach，HEA）由英国救助儿童会（Save the Children UK）在20世纪90年代早期提出，在非洲得到广泛应用。这一方法借鉴了阿玛蒂亚·森的观点，重点关注人们获取食物的能力而不是生产。该方法最初用于紧急援助，后来被拓展到广泛的发展工作领域。该方法的第一步是进行基线评估，选取不同的生计地带，依据家庭贫富状况进行分类，评估各类家庭在正常年份获得食物和收入的情况。在此基础上，分析外部风险对家庭的影响，以及家庭在采取应对策略后的食物获得和收入情况。家庭经济法重点关注家庭保护自身生计、满足生存底线的能力。该方法在过去几十年不断完善，广泛应用于生计和贫困变化研究。该方法最新版的实践操作手册长达 401 页[3]，已经拓展到制度和政治经济等主题。

脆弱性评估（vulnerability assessment）[4]也采用了类似方法。这种评估通常也是从家庭食物平衡问题入手，但主要着眼于家庭通过农业或非农活动获取食物的一系列生计方式。灾害评估（disaster assessment）[5]大多用于应急反应，而非常规年度监测，其关注点是基础资产的变化和应对策略，但也力图形成总体性的生计图景，以促进救灾和灾后恢复工作。

贫困评估（poverty assessment）已成为世界银行和国际货币基金组织要求的《减贫战略文件》中一项必不可少的内容，它要求对城市和乡村的各种生计活动进行评估（Norton and Foster 2001）。有时候，这种评估会综合采用前文提到的技术和测量方法展开普查；有时候则采用更加参与式的方法，由当地人自己界定他们对贫困的理解（Booth and Lucas 2002；Lazarus 2008）。

如第二章所述，可用于这类调查和评估的优质数据来源逐渐增多。例如，生活水平测量调查是很多国家的常规调查工作，每隔一段时间就会开展一次。很多地方会同时推进纵向追踪调查与记录翔实的历时性研究。在非洲，尽管数据质量还存在明显问题，但统计工作可以为生计的方方面面提供基本数据（Jerven 2013）。

然而，上述这些方法都没有给予政治学，特别是政治经济学充分重视。近年来，与生计研究相关的很多主流方法，如快速农村评估、参与式农村评估、贫困评估与调查、脆弱性评估等，未触及根本性的政治问题。这些方法或许很擅长回答"是什么"的问题，但往往不涉及"为什么"的问题。这在一定程度上是因为，它们倾向于搁置政治，或做去政治化处理，就像第三章提到的"生计框架"的很多应用那样。正如我在最后一章将要讨论的，我们迫切需要在生计研究中找回政治（bring politics back in）。因为正是政治，或者更准确地说，是政治经济学，以及它的制度、知识和社会关系等因素，决定了谁拥有什么、谁得到什么等重要问题，这些正是第七章扩展版生计分析法关注的核心问题。

迈向生计的政治经济学分析

如何利用我们掌握的一整套技术、工具、方法和模型，回答生计分析和农政变迁中的那些核心问题？表8-1对第七章扩展版生计框架中提出的六个核心问题进行了总结，并列出了可以帮助回答这些问题的分析工具。工具的选择总是取决于具体情境、研究者的技能和利益等因素，所以这里列出的分析工具只是说明性的，而不是规定性的。

表 8-1　扩展生计分析的工具

核心问题	可供选择的分析工具
谁拥有什么？	社会调查、资源图、贫富排序、资产排序
谁从事什么？	活动图、农业和外出务工的季节历、家庭内部劳动分工分析、社会性别分析、传记、个人口述、"情感历史"（情感记录）
谁得到什么？	民族志、社会学观察、资产所有权调查、生产和积累的历史分析与历时性分析、冲突分析
他们用获得物做什么？	收入与支出调查、资产收购与投资的历时性分析、生活故事、生活史
群体之间如何互动？	行动者导向的社会学方法（界面互动分析）、制度分析、组织结构图、冲突与合作的案例分析、村史、生活史、社会性别分析
政治与生态如何变化？	生态图、剖面图、资源踏查、参与式地理信息系统应用、社会环境史、参与式土壤调查、生物多样性地图、田野史、景观史

很显然，我们有一个巨大的方法工具箱，表 8-1 列出的只是"九牛一毛"。工具本身并不重要，重要的是根据特定的研究框架使用特定的工具。这意味着要提出恰当的问题，并寻求针对这些问题和研究背景的适当方法。扩展版生计框架（见第七章）与表 8-1 的结合，为

通向农政变迁和生计的唯物主义政治经济学提供了一条生计分析路径。但重要的一点是，不要把这个框架奉为圭臬，要调适、创新和改变，要始终注重综合分析，将具体的生计活动与影响生计的结构性和政治性过程相联系。

方法的应用，取决于我们想要实现的目标。这种扩展版生计分析法，可能会对那些旨在将具体、微观的生计与宏观变迁过程相联系的研究有所帮助。对于政策制定者来说，这种方法有助于探查宏观政策条件和制度安排的变化，有助于评估这些变化对人们生计的影响。对于实践者来说，通过扩展版生计分析法，考察在复杂系统中发展干预的结果，有助于识别风险、权衡利弊、正视挑战，以实现更具包容性和可持续性的生计结果。

挑战偏见

好的问题和混合方法并非改善生计的魔法棒。但是，提出恰当问题、拓宽分析范围、开放政策讨论，无疑有助于改善生计。近年来，尽管发展领域在话语上非常强调"生计方法"，但真正能够改善生计的发展实践并不多。正如罗伯特·钱伯斯30多年前在其经典著作《农村发展：以末为先》（Chambers 1983）中指出的，农村发展工作充满专业偏见，使一些不切实际的发展计划被自上而下地强加给农村。塔妮娅·李在《改善的意愿》一书中指出：

> 对问题的技术性表述，也就是对它的去政治化。在大多数情况下，专家对生计问题的诊断和改善方案，都不涉及政治经济的关系和结构因素。他们更关注穷人的能力，而忽视了一个社会群体是如何使另一个群体陷入贫困的。（Li 2007：7）

由此，发展的"反政治机器"（anti-politics machine）机制在具体实践和工作程序中制造出多重偏见（Ferguson 1990）。即便是在农学这种看似技术性的领域，问题界定过程中的政治利益考虑也会对方法应用和实践结果产生影响（Sumberg and Thompson 2012）。

按照本书的思路应用生计方法，能否起作用？我想答案是肯定的。詹姆斯·斯科特（James Scott 1998）在《国家的视角》一书中已经阐明，如果不以特定环境下的生活现实为基础，自上而下的发展就会以失败告终。我们看到同样的错误反复上演，有时还披着"参与"和"生计"的虚假外衣。但是，按照钱伯斯要求"反转"发展思维的主张，如果我们把事情反转过来，会怎样？如果现实世界遇到挑战、争端和对抗，会怎样？如果从小农的视角，或者从牧民、渔民、商人、经纪人或劳工的视角，或者从农村人口从事的各类职业和实践中的某一种或某几种视角来看，又会怎样？情况肯定会截然不同。

在我和安迪·卡特利（Andy Catley）、杰里米·林德（Jeremy Lind）主编的一本关于非洲牧业发展的书中，我们对"发展机构的视角"和"牧民的视角"进行了对比（Catley et al. 2013）（见表8-2）。结果发现，发展行动者，如政府官员、援助机构官员、非政府组织项目人员等，总是对牧民生计中的各种因素产生错误理解。由于首都与牧区相距遥远，这些误解充满政治、文化、历史的偏见以及地理上的错位。这本书提出，要将目光从首都城市转向农村地区，从中心转向边缘，从精英专家转向牧民自己。

表8-2　发展机构的视角抑或牧民的视角？

生计因素	中心的视角（发展机构的视角）	边缘的视角（牧民的视角）
流动	流动是前定居时代的特征，游牧是文明进程中的一个落后阶段	流动对于现代生计至关重要，包括家畜、人口、劳动力、金融等多种要素的流动
环境	牧民既是环境的破坏者，又是受害者	放牧是对草原生态系统非平衡性的应对实践
市场	牧区市场是不经济的、脆弱的、非正规的、落后的，需要进行现代化和正规化改造	跨境商业贸易非常活跃，非正规性是一种优势
农业	农业代表未来，是实现定居、走向文明的路径	从事农业是权宜之计，农业与牧业的联系非常密切

生计因素	中心的视角（发展机构的视角）	边缘的视角（牧民的视角）
技术	牧区技术是落后的、原始的，需要现代技术	技术是合宜的、适用的，新技术（移动电话）与旧技术（移动放牧）相结合使用
服务	容易提供，但是牧民不愿采用、很难接受	对医疗和教育服务有巨大需求，但需要与流动生计相适应的服务方式
多样化	多样化意味着脱离牧业，是一种应对策略	多样化是对牧业的补充，可以增加价值、获得商机，从而重新回归牧业
边界和冲突	边界是国家的边缘，需要加以控制和保护。解决边界冲突，需要裁军、维护和平和发展	边界是扩展生计和跨境市场网络的中心，边界冲突表现为群体内部和群体之间的持久竞争

资料来源：总结自卡特利等的著作（Catley et al. 2013：22~23）。

需要说明的是，重视当地人的视角并不等于转向民粹主义立场。长期以来，参与式发展的倡导者致力于记录"乡土知识"（Brokensha et al. 1980）和倾听"穷人的声音"（Narayan et al. 2000）。20 世纪 80 年代，参与式评估方法迅速兴起，推动了一种自下而上的发展工作。然而，这些努力往往没有切中不同社会背景下贫困的深层原因、社会分化模式、生计演变的长期轨迹等问题。对当地人知识和能力的简单认同是远远不够的（Scoones and Thompson 1994）。可以预见，如果不对权力结构做深入的分析和批判，类似的发展问题还会以新的名目出现，成为某些群体眼中的"新暴政"（Cooke and Kothari 2001）。

　　本书勾勒的生计视角可以帮助我们转变认知，指导不同的行动实践。其中，重要的是要改变讨论的话语和逻辑，如从"发展机构的视角"转变到"牧民的视角"。正如第四章讨论的，转变政策叙事可以对发展实践产生巨大影响。对替代性生计选择和生计路径进行深入思考，可以发现其中的优劣势关系。针对"谁拥有什么、谁从事什么、谁得到什么、他们用获得物做什么"进行发问，能够使人深受启发、豁然顿悟。

　　在非洲牧业发展的例子中，我们根据积累和社会再生产的不同方式，在非洲东北部发现了四种生计路径（Catley et al. 2013）。这些生计路径对应不同的牧民阶级，其中包括坚定投入资本主义市场体系的群体，更加专注于传统游牧的群体，在畜牧经济增长的背景下开始建立企业或提供劳动力的群体，以及被迫在畜牧经济之外寻求替代生计甚至穷困潦倒的群体。这样一幅多样的、分化的生计图景，对于我们理解发展实践和路径选择具有重要意义。超越将传统牧业要么浪漫化、要么问题化的划分和偏见，有助于我们对牧区多样化的未来进程展开讨论。每种未来都有不同的生计结构，且对服务提供、商业机会、基础设施发展和政策制定具有不同的意涵。

小 结

通过提出恰当的问题、采用适当的混合方法，并对潜在的偏见进行彻底反思，生计方法能够重现活力，为学术思辨带来新的视野。它可以在认识论（我们知道什么）和本体论（是什么）两个层面转变我们的视角，挑战我们的预设。来自生计分析的深刻洞见，可以帮助我们更好地把握有关政策问题，如谁是穷人、他们生活在哪里、他们如何经历贫困以及如何才能减少贫困等。

注 释

[1] 自 1988 年起，《快速农村评估简报》（后改为《参与式学习与行动简报》）由国际环境与发展研究所出版。

[2] 参见圣菲研究所网页：http://www. santafe. edu/。

[3] 参见英国救助儿童会网页：http://www. savethechildren. org. uk/resources/online-library/practitioners% E2% 80% 99 - guide-household-economy-approach。

[4] 参见联合国粮食及农业组织网页：https://www. fao. org/ 3/i3315e/i3315e. pdf。

[5] 参见灾害评估网页：http://www. disasterassessment. org/sec- tion. asp？id＝22。

| 第九章 |

找回政治：生计视角的新挑战

本书反复论述的一个主题，就是将政治重新纳入生计分析。如第三章讨论的，援助机构在采用生计框架规划和实施项目时，将生计分析工具化了。这意味着政治要素常常被淡化，甚至被遗忘。鉴于制度、组织和政策在生计分析中的核心位置，以及政治对这些过程的重要影响，现在是在生计分析中找回和加强政治维度的时候了。

这本小书想要通过多种概念工具和方法，实现这一点。它修改了最初的生计框架，给予政治应有的重视。"找回政治"肯定是一个不错的口号，这是尚塔尔·墨菲（Chantal Mouffe）在她 2005 年的杰作《论政治的本性》中提出来的。她坚决反对用简单化的方式推进参与式、协商性民主。她认为，"抗争性政治"（agonistic politics）——冲突、争论、辩论、异议、争执——必须始终是任何民主转型的核心。她反对"后政治"（post-political）的立场，并指出：

> 这种立场秉持的方法是完全错误的，它不但没有促进"民主的民主化"（democratization of democracy），反而是民主制度目前面临的许多问题的根源。诸如"无党派民主"（partisan-free democracy）、"善治"、"全球市民社会"、"世界主权"、"绝对民主"等当下流行的概念，都带有共同的反政治幻象，拒绝承认"政治"的对抗性维度。其目标是建立一个"超越左右""超越霸权""超越主权""超越对抗"的世界。这种渴望表明，持有这些观点的人根本不了解民主政治的关键所在，以及政治身份构成的动力所在。而且，这种渴望加剧了社会中的潜在对抗。（Mouffe 2005：1-2）

但是，在焕发活力的生计分析中，这种政治处于什么位置？在此，我想强调四个核心领域，即利益政治、个体政治、知识政治和生态政治。在前面的章节中，每个领域都被不同程度地强调过。接下来，我将对每个方面进行简要论述，综合起来就是我所说的对生计分析而言非常重要的"找回政治"的内容。在本章，也是本书的最后部分，我将讨论这种更加政治化的方法对生计和农村发展工作在组织和行动上的影响。

利益政治

我们不能回避这样一个事实：生计机会是由利益关系以及广泛的结构与历史背景下的政治因素决定的。这些利益关系和政治因素，决定了我们是谁、我们能做什么。如果你正在读这本书，那么你可能比较富有，肯定受过良好教育，并且拥有很多生计机会，而这些生计机会对于很多与你智力相当、能力相似的人来说，可能是他们梦寐以求的。这种优势源于我们的地位、种族、性别、阶级和继承的财富，源于我们可获取的资源、历史以及其他许多因素。利益政治对决定我们生活的结构性特征十分重要。正如卡尔·马克思所说："人们自己创造自己的历史，但是他们并不是随心所欲地创造，并不是在他们自己选定的条件下创造，而是在直接碰到的、既定的、从过去承继下来的条件下创造。"（Marx 1963）

因此，如前所述，对生计背景的分析，不应该只是简单地罗列所有被认为会在某种程度上影响生计的外部因素。相反，我们应该更加积极地考察影响事物发生（或导致其未发生）的历史和利益结构。这源自第七章和第八章提出的六个核心问题。这些问题促使我们从政治经济学的视角，理解生计策略。但这也意味着我们要关注广泛的、建构政策和制度的利益政治。这些政策和制度进而影响了人们获取生计资产的机会和对不同生计策略的追求。因此，对政策过程的分析，需要关注与特定利益集团相关的叙事及其行动者网络。对资源获取和生计机会的理解，需要注重社会和政治视角的制度分析（见第四章）。

要理解这些过程，还必须从历史的维度，考察特定地区更为广泛的政治经济结构。在新自由主义全球化时期，已有大量文献记载资本如何通过商品化和金融化剥夺生计资源——无论这种资源是耕地（之后就是土地投资热，见第五章），还是大自然本身。对大自然的剥夺是通过购买碳信用、生物多样性或生态系统服务的权利实现的。资本的渗透，以及与渗透过程相关的广范的利益政治，正在对世界各地的生计产生深远影响。谁拥有什么、谁得到什么等这些基本问题，永远都与之相关。因此，任何生计分析都必须植根于广泛的政治经济学分析，在更加开阔的视野下理解更加微观的地方性生计策略。

个体政治

结构性的、历史性的宏观政治经济学分析非常重要，但与此同时，个体在构成生计系统中的作用同样重要。

本书多次强调以行动者为导向的方法，以及在分析生计问题时个体能动性、个体身份和个体选择的重要性。深入了解个人的想法、感受和做法，是任何生计分析的核心内容。我们需要关注个体的行为、情感和反应，而不是将它们进行简单加总或同质化处理。这有助于我们把握不同的、鲜活的生计现实。正如我们在第二章中看到的，福祉和幸福感有许多不同的来源。物质因素当然重要，但社会、心理和情感因素也很重要。

我们的生活世界、身份、主体性和经历，决定了我们是谁、我们如何行动。这当然是强烈的个人政治，同时又与上文讨论的广泛的、结构性的政治经济学相关。例如，身体、性别与性取向的政治会受这些广泛的结构性力量制约和影响，同时这又是极其个人化的，被掩藏在特定的身份之下。此前，我强调过南茜·弗雷泽提出的"承认的政治"（politics of recognition）（Fraser 2003），它与生计研究传统上关注的获取、控制和再分配的政治同样重要。

关注个体政治，同时不忘广泛的政治进程，是在生计分析中找回政治的一个关键。因此，我们在理解制度（见第四章）或界定生计结果（见第二章）时，要融入这些考虑，这样才能极大地丰富和深化我们的分析。这些视角突出强调了生命、生活方式和生计中非常个体的、个人的政治，而那些技术性和工具性的生计框架可能会忽略这些内容。确实，我们通过个体政治知晓的个人故事、有趣口述、情感历史和深度民族志（见第八章）等，都可以拓展、挑战和丰富我们的洞见。

知识政治

知识政治贯穿了前面所有章节对生计的全部讨论。"谁的知识更重要"是所有分析的核心和关键。例如，罗伯特·钱伯斯曾问，"谁的现实更重要"（Chambers 1997a）。谁的、哪个版本的生计是行之有效的？谁的生计偏离了常轨而需要改变？这些问题对政策讨论和政策制定有重大影响。大多数关于生计的思考，包含关于"什么是好的生计"的预设。例如，辛勤劳作的自耕农在很多情况下被认为比以捡垃圾、打猎或出卖身体为生的人更值得尊敬。在自己土地上劳作的农民，可能被认为比受雇的工人更有价值。这些雇佣劳工常常被视而不见、被贬低、被轻视。在一些人眼中，创造某种单一生计的专业性企业，比依赖不同资源、在多个地点通过多种技能和联系构建起来的生计方式更优越。因此，对生计的界定，不仅对任何生计分析很重要，而且对剖析和审视构建生计的制度性和政策性因素很重要（Jasanoff 2004）。

我们测量、计算、评价、评估和确认生计是否有效的方式，是生计分析方法论的核心。其中也存在强烈的知识政治。正如第二章讨论的，我们有各种各样同时有效的评估生计结果的方法。没有哪个方法是更优的，或在某种程度上是更"正确"的。这完全取决于分析的规范性立场、学科假设和具体情境。然而，在影响发展研究与发展实践的学科和专业结构中，知识政治往往会将狭义的、可量化的和可衡量的指标看作最有效的内容。这些版本的知识在政策圈很走俏，能够被资助、被认可、被接受。

生计分析以跨学科、多部门和综合的方法为核心，所以它必须不断挑战上述假设，整合不同的方法。它需要撷取不同认识论范畴内多种形式的知识。就生计分析而言，采用某个狭义的、单一学科的方法绝对不可取，且会很低效，远远不如敞开大门，吸纳来自不同学科视角的各种形式的知识。确实，某种特定形式的知识政治支持和维护的那些狭隘的知识版本，常常被披上一件缜密的、有效的迷幻外衣。事实上，综合交叉多个视角不同形式的知识，可以提高知识的严谨性，可以提升我们的洞察力（见第八章）。

从多个视角洞察生计困境，无疑是所有生计分析的核心准则。发现贫穷的、脆弱的、被遮蔽和不被看见的人，挑战农村发展的传统偏见，意识到关于好与坏的规范性假设可能会蒙蔽我们的双眼，这些都是我们面临的重大挑战。但是，那些我们现在还不能听到其声音的人怎么办？我认为，在思考生计可持续性问题时，未来几代人非常重要，因此在讨论可持续发展路径时，我们必须以某种方式将他们纳入进来（见第五章）。

生态政治

　　无论是气候变化、城市扩张，还是水资源利用或有毒物质污染，这些环境的急速变迁与地方和全球层面的可持续性挑战正在冲击人们的生计。生态政治成为至关重要的议题。正如第五章讨论的，政治生态学的生计分析一直是宏大的知识领域的一部分。关键在于生态和政治之间存在递归关系（recursive relationship）：生态形塑政治，政治形塑生态。如果我们忽视这些关系，则会将我们自己置于危险境地。

　　生计是在动态的生态环境中构建的。其中并不存在稳定平衡的一块白板。生计活动必须回应多变的、不平衡的环境，应对环境方面的突然变化和转变，应对生态方面的变化阈值和临界点状态。我们必须知晓有关限制和边界，知晓在政治和社会层面如何通过谈判使其发生转变。因此，生计的可持续性涉及这些灵活的、响应迅速的和充分知情的谈判过程。这需要在社会和技术方面进行创新与转型，以实现多重目标。需要在不超越生态边界的同时，在安全活动空间内保持生计，以公平和公正的方式保持生计机会等。这无疑是一项政治任务，必须在不同层面和不同世代之间就生计机会和生态边界的权衡取舍进行谈判。它需要在生计改变的方向、生计活动的多样性以及生计活动的分布等方面找到平衡。

在全球化背景下，随着第四章讨论的构成生计的跨国网络的兴起，生计分析必须跨越规模、地区和网络。这需要一种全球政治生态学的视角，以关注地方的斗争和抵抗，及其与更大范围的运动和联盟的交汇。这些行动将生计问题与环境正义和社会正义联系了起来（Martinez-Alier et al. 2014；Martinez-Alier 2014）。

新生计政治

通过这四个维度（毫无疑问还有其他维度），我们可以创造一种新生计政治。这一新视角挑战和拓展了农村发展领域（特别是 20 世纪 90 年代以来）流行的生计方法。它加入了一些新的面向，以使分析更加严谨、更有深度。它试图避免像早期一些版本那样，将生计分析方法简单化和工具化，或将生计分析方法变得难以理解、不能操作。它不是在简单地回应援助机构的官僚要求。这一重新激活的政治学概念，将加速一种实践政治经济学的形成。这一实践政治经济学既关注地方层面的真实变化，又不会忽略影响生计条件和生计机会的宏观结构与制度。

本书倡导的扩展版生计分析法，要求重点关注地方性以及地方的特殊性和人的复杂性，并关注影响地方性和生计的宏观结构与关系变化。这需要跨越不同层面，需要从微观到宏观，也许更特别的是，还需要跨越不同的分析框架，如实践性和经验性的分析框架（即马克思意义上的"许多规定"，见第六章）与概念化和理论化的分析框架（即马克思意义上的"具体的"，见第六章）。在政治经济学的经典方法中，这些经验和框架之间的多重反复十分重要。只有这样，才能揭示政治过程如何建构和影响"哪些生计对于谁是可能的（或不可能的）"。因此，商品价格和贸易条件的变化、农业的投融资以及远方的政治交易，都将对不同地区的生计模式产生影响，进而影响社会分化、阶级形成和性别关系，当然也影响生计本身。

我们站在被边缘化的、被剥夺的、收入不多的群体一边，站在规范性的立场，希望所有人的福祉都得到改善，希望将生计方法应用到广泛的政治计划中。这将与为了获取食物、土地、栖身之所和自然资源而进行的其他斗争相联系。在此过程中，尊重、尊严以及对多种生计特征和生计机会的认可十分重要。可持续生计的权利是值得为之奋斗的，也是我在本书中希望从思想上加以引导的。

　　人们及社会组织领导的权利斗争，需要可以帮助他（它）们进行阐释、理解和反思的理论，需要简洁的概念和方法，并与丰富的理论文献和实践案例相结合。这也是本书的目标之一，尽管着墨不多。这并不是一种学究式的学术劳动。虽然本书是写给具有批判性思维的学生和实践者的，但显然需要有人加以转译和传播，以使本书的思想变得容易理解、容易被大众接受；还需要有人将这些思想带到不同地方的实践和斗争之中。我希望本书的读者，无论在哪里，都能将这项任务继续下去。

参考文献

Adams, W. M. , and M. J. Mortimore. 1997. "Agricultural Intensification and Flexibility in the Nigerian Sahel. " *Geographical Journal* 163, 2: 150–160.

Adato, M. , and R. Meinzen-Dick. 2002. "Assessing the Impact of Agricultural Research on Poverty Using the Sustainable Livelihoods Framework. " *Environment and Production Technology Division Discussion Paper* No. 89. International Food Policy Research Institute: Washington, DC.

Adato, M. , M. Carter and J. May. 2006. "Exploring Poverty Traps and Social Exclusion in South Africa Using Qualitative and Quantitative Data. " *Journal of Development Studies* 42, 2: 226–247.

Addison, T. , D. Hulme and R. Kanbur (eds.). 2009. *Poverty Dynamics: Measurement and Understanding from an Interdisciplinary Perspective*. Oxford: Oxford University Press.

Adger, W. N. 2006. "Vulnerability. " *Global Environmental Change* 16, 3: 268–281.

Adger, W. N. , S. Hug, K. Brown, D. Conway and M. Hulme. 2003. "Adaptation to Climate Change in Developing Countries. " *Progress in Development Studies* 3: 179–195.

Alkire, S. 2002. *Valuing Freedoms: Sen's Capability Approach and Poverty Reduction*. Oxford: Oxford University Press.

Alkire, S., and J. Foster. 2011. "Counting and Multidimensional Poverty Measurement." *Journal of Public Economics* 95, 7: 476 – 487.

Alkire, S., and M. E. Santos. 2014. "Measuring Acute Poverty in the Developing World: Robustness and Scope of the Multidimensional Poverty Index." *World Development* 59: 251–274.

Allison, E., and F. Ellis. 2001. "The Livelihoods Approach and Management of Small-scale Fisheries." *Marine Policy* 25, 2: 377–388.

Almaric, F. 1998. *The Sustainable Livelihoods Approach: General Report of the Sustainable Livelihoods Projects 1995–1997*. Rome: Society for International Development.

Altieri, M. A. 1995. *Agroecology: The Science of Sustainable Agriculture* (Second edition). Boulder, Colorado: Westview Press.

Altieri, M. A., and V. M. Toledo. 2011. "The Agroecological Revolution in Latin America: Rescuing Nature, Ensuring Food Sovereignty and Empowering Peasants." *The Journal of Peasant Studies* 38, 3: 587–612.

Amin, S. 1976. "Unequal Development: An Essay on the Social Formations of Peripheral Capitalism." *Foreign Affairs*. July 1977.

Anderson, S. 2003. "Animal Genetic Resources and Sustainable Livelihoods." *Ecological Economics* 45, 3: 331–339.

Angelsen, A. (ed.). 2011. *Measuring Livelihoods and Environmental Dependence: Methods for Research and Fieldwork*. London: Routledge.

Arce, A. 2003. "Value Contestations in Development Interventions: Community Development and Sustainable Livelihoods Approaches." *Community Development Journal* 38, 3: 199–212.

Arrighi, G. 1994. *The Long Twentieth Century: Money, Power, and the Origins of Our Times*. London: Verso.

Arsel, M. , and B. Büscher. 2012. "Nature TM Inc. : Changes and Continuities in Neoliberal Conservation and Market-based Environmental Policy. "*Development and Change* 43, 1: 53-78.

Ashley, C. , and D. Carney. 1999. *Sustainable Livelihoods: Lessons from Early Experience*. DfID: London.

Bagchi, D. K. , P. Blaikie, J. Cameron, M. Chattopadhyay, N. Gyawali and D. Seddon. 1998. "Conceptual and Methodological Challenges in the Study of Livelihood Trajectories: Case-studies in Eastern India and Western Nepal. " *Journal of International Development* 10, 4: 453-468.

Bardhan, P. 1989. *Conversations Between Economists and Anthropologists: Methodological Issues in Measuring Economic Change in Rural India*. Delhi: Oxford University Press, India.

Barry, J. , and S. Quilley. 2009. "The Transition to Sustainability: Transition Towns and Sustainable Communities. " In L. Leonard and J. Barry (eds.). *The Transition to Sustainable Living and Practice*. Bingley UK: Emerald Group Publishing Limited.

Batterbury, S. 2001. "Landscapes of Diversity: A Local Political Ecology of Livelihood Diversification in South-Western Niger. "*Ecumene* 8, 4: 437-464.

—. 2007. "Rural Populations and Agrarian Transformations in the Global South: Key Debates and Challenges. " *CICRED Policy Paper* No. 5. Paris: Committee for International Cooperation in National Research in Demography (CICRED).

—. 2008. "Sustainable Livelihoods: Still Being Sought, Ten Years on. " Presented at *Sustainable Livelihoods Frameworks: Ten Years of Researching the Poor*. African Environments Programme workshop, Oxford University Centre for the Environment, January 24, 2008.

Batterbury, S. , and A. Warren. 1999. *Land Use and Land Degradation in Southwestern Niger: Change and Continuity.* ESRC Full Research Report, L320253247. Swindon: Economic and Social Research Council (ESRC).

Baulch, R. 1996. "Neglected Trade-offs in Poverty Measurement. " *IDS Bulletin* 27: 36–43.

Baulch, B. , and J. Hoddinott. 2000. "Economic Mobility and Poverty Dynamics in Developing Countries. " *Journal of Development Studies* 36, 6: 1–24.

Baulch, B. , and L. Scott. 2006. "Report on CPRC Workshop on Panel Surveys and Life History Methods. " Held at the Overseas Development Institute, London, February 24–25.

Bebbington, A. 1999. "Capitals and Capabilities: A Framework for Analyzing Peasant Viability, Rural Livelihoods and Poverty. " *World Development* 27, 12: 2021–2044.

—. 2000. "Reencountering Development: Livelihood Transitions and Place Transformations in the Andes. " *Annals of the Association of American Geographers* 90, 3: 495–520.

—. 2001. "Globalized Andes? Livelihoods, Landscapes and Development. " *Cultural Geographies* 8, 4: 414–436.

—. 2004. "Social Capital and Development Studies 1: Critique, Debate, Progress? " *Progress in Development Studies* 4, 4: 343–349.

Bebbington, A. , D. Humphreys Bebbington, J. Bury, J. Lingan, J. P. Muñoz and M. Scurrah. 2008. "Mining and Social Movements: Struggles over Livelihood and Rural Territorial Development in the Andes. " *World Development* 36, 12: 2888–2905.

Beck, T. 1989. "Survival Strategies and Power amongst the Poorest in a West Bengal Village. "*IDS Bulletin* 20: 23−32.

—. 1994. *The Experience of Poverty: Fighting for Respect and Resources in Village India*. London: Intermediate Technology Publications.

Behnke, R. , and I. Scoones. 1993. "Rethinking Range Ecology: Implications for Rangeland Management in Africa. " In R. H. Behnke, I. Scoones and C. Kerven. *Range Ecology at Disequilibrium: New Models of Natural Variability and Pastoral Adaptation in African Savannahs*. London: Overseas Development Institute.

Béné, C. , R. G. Wood, A. Newsham and M. Davies. 2012. "Resilience: New Utopia or New Tyranny? Reflection about the Potentials and Limits of the Concept of Resilience in Relation to Vulnerability Reduction Programmes. " *IDS Working Paper* 405.

Bennett, N. 2010. "Sustainable Livelihoods from Theory to Conservation Practice: An Extended Annotated Bibliography for Prospective Application of Livelihoods Thinking in Protected Area Community Research. " *Protected Area and Poverty Reduction Alliance Working Paper* No. 1. Victoria, Canada: Marine Protected Areas Research Group, University of Victoria: PAPR (viu).

Berkes, F. , C. Folke and J. Colding. 1998. *Social and Ecological Systems: Management Practices and Social Mechanisms for Building Resilience*. Cambridge: Cambridge University Press.

Berkhout, F. , M. Leach and I. Scoones (eds.). 2003. *Negotiating Environmental Change: New Perspectives from Social Science*. Cheltenham: Edward Elgar.

Bernstein, H. 2009. " V. I. Lenin and A. V. Chayanov: Looking Back, Looking Forward. " *The Journal of Peasant Studies* 36, 1:

55-81.

—. 2010a. *Class Dynamics of Agrarian Change*. Hartford: Kumarian Press.

—. 2010b. "Rural Livelihoods and Agrarian Change: Bringing Class Back in." In N. Long and J. Z. Ye (eds.). *Rural Transformations and Policy Intervention in the Twenty First Century: China in Context*. Cheltenham: Edward Elgar.

—. 2010c. "Introduction: Some Questions Concerning the Productive Forces." *Journal of Agrarian Change* 10, 3: 300-314.

Bernstein, H. , B. Crow and H. Johnson (eds.). 1992. *Rural Livelihoods: Crises and Responses*. Oxford: Oxford University Press.

Bernstein, H. , and P. Woodhouse. 2001. "Telling Environmental Change Like It Is? Reflections on a Study in Sub-Saharan Africa." *Journal of Agrarian Change* 1, 2: 283-224.

Berry, S. 1989. "Social Institutions and Access to Resources." *Africa* 59, 1: 41-55.

—. 1993. *No Condition Is Permanent: The Social Dynamics of Agrarian Change in Sub-Saharan Africa*. Madison: University of Wisconsin Press.

Blaikie, P. 1985. *The Political Economy of Soil Erosion in Developing Countries*. Harlow, UK: Longman.

Blaikie, P. , and H. Brookfield. 1987. *Land Degradation and Society*. London: Methuen.

Bohle, H. -G. 2009. "Sustainable Livelihood Security: Evolution and Application." In H. G. Brauch, J. Grin, C. Mesjaszet, P. Kameri-Mbote, N. C. Behera, B. Chourou and H. Krummenacher (eds.). *Facing Global Environmental Change: Environmental, Human, Energy, Food, Health and Water Security Concepts*. Berlin:

Springer.

Booth, C. 1887. "The Inhabitants of Tower Hamlets (School Board Division), Their Condition and Occupations. " *Journal of the Royal Statistical Society* 50: 326–340.

Booth, D. 2011. "Introduction: Working with the Grain? The Africa Power and Politics Programme. " *IDS Bulletin* 42, 2: 1–10.

Booth, D. , and H. Lucas. 2002. *Good Practice in the Development of PRSP Indicators and Monitoring Systems.* London: Overseas Development Institute.

Boserup, E. 1965. *The Conditions of Agricultural Growth: The Economics of Agrarian Change under Population Pressure.* London: George Allen and Unwin.

Bourdieu, P. 1977. *Outline of a Theory of Practice.* Cambridge: Cambridge University Press.

—. 1986. "The Forms of Capital. " In J. Richardson (ed.). *Handbook of Theory and Research for Sociology of Education.* New York: Greenwood Press.

—. 2002. "Habitus. " In J. Hillier and E. Rooksby (eds.). *A Sense of Place.* Burlington: Ashgate.

Bratton, M. , and N. van der Walle. 1994. "Neopatrimonial Regimes and Political Transitions in Africa. " *World Politics* 46, 4: 453–489.

Breman, J. 1996. *Footloose Labour: Working in the Indian Informal Economy.* Cambridge: Cambridge University Press.

Broad, R. 2006. "Research, Knowledge, and the Art of 'Paradigm Maintenance': The World Bank's Development Economics Vice-Presidency (DEC). " *Review of International Political Economy* 13, 3: 387–419.

Brock, K., and N. Coulibaly. 1999. "Sustainable Rural Livelihoods in Mali." *IDS Research Report* 35. Brighton: Institute of Development Studies.

Brockington, D. 2002. *Fortress Conservation: The Preservation of the Mkomazi Game Reserve, Tanzania.* Oxford: James Currey.

Brokensha, D. W., D. M. Warren and O. Werner. 1980. *Indigenous Knowledge Systems and Development.* Washington, DC: University Press of America.

Bryant, R. L., and S. Bailey. 1997. *Third World Political Ecology.* London: Routledge.

Bryceson, D. F. 1996. "Deagrarianization and Rural Employment in Sub-Saharan Africa: A Sectoral Perspective." *World Development* 24, 1: 97−111.

Buchanan-Smith, M., and S. Maxwell. 1994. "Linking Relief and Development: An Introduction and Overview." *IDS Bulletin* 25, 4: 2−16.

Bunch, R. 1990. "Low Input Soil Restoration in Honduras: The Cantarranas Farmer-to-Farmer Extension Programme." *Gatekeeper Series* 23. London: International Institute for Environment and Development.

Büscher, B., and R. Fletcher. 2014. "Accumulation by Conservation." *New Political Economy* 20, 2: 273−298.

Büscher, B., S. Sullivan, K. Neves, J. Igoe and D. Brockington. 2012. "Towards a Synthesized Critique of Neoliberal Biodiversity Conservation." *Capitalism Nature Socialism* 23, 2: 4−30.

Butler, J. 2004. *Undoing Gender.* London: Routledge.

Byres, T. J. 1996. *Capitalism from Above and Capitalism from Below: An Essay in Comparative Political Economy.* London: Macmillan.

Cannon, T. , J. Twigg and J. Rowell. 2003. *Social Vulnerability, Sustainable Livelihoods and Disasters.* London: Department for International Development.

Carney, D. (ed.). 1998. *Sustainable Rural Livelihoods: What Contribution Can We Make?* London: DfID.

—. 2002. *Sustainable Livelihoods Approaches: Progress and Possibilities for Change.* London: DfID.

Carney, D. , M. Drinkwater, T. Rusinow, K. Neefjes, S. Wanmali and N. Singh. 1999. "Livelihood Approaches Compared: A Brief Comparison of the Livelihoods Approaches of the UK Department for International Development (DfID), CARE, Oxfam and the United Nations Development Programme (UNDP). " London: DfID.

Carswell, G. 1997. Agricultural Intensification and Rural Sustainable Livelihoods: A 'Think Piece'. *IDS Working Paper* 64. Brighton: Institute of Development Studies.

Carswell, G. , A. De Haan, D. Dea, A. Konde, H. Seba, A. Shankland and A. Sinclair. 1999. "Sustainable Livelihoods in Southern Ethiopia. "*IDS Research Report* 44. Brighton: Institute of Development Studies.

Carter, M. , and C. Barrett. 2006. "The Economics of Poverty Traps and Persistent Poverty: An Asset-based Approach. " *Journal of Development Studies* 42, 2: 178–199.

Catley, A. , J. Lind and I. Scoones (eds.). 2013. *Pastoralism and Development in Africa: Dynamic Change at the Margins.* London: Routledge.

Chambers, R. 1983. *Rural Development: Putting the Last First.* London: Longman.

—. 1987. Sustainable Livelihoods, Environment and Development: Putting Poor Rural People First. *IDS Discussion Paper* 240. Brighton: Institute of Development Studies.

—. 1989. "Vulnerability, Coping and Policy (editorial introduction). " *IDS Bulletin* 20.

—. 1994. "Participatory Rural Appraisal (PRA): Challenges, Potentials and Paradigms. " *World Developinent* 22, 10: 1437 – 1454.

—. 1995. "Poverty and Livelihoods: Whose Reality Counts?" *IDS Discussion Paper* 347. IDS: Brighton.

—. 1997a. *Whose Reality Counts? Putting the First Last.* London: Intermediate Technology Publications (ITP).

—. 1997b. "Responsible Well-being — A Personal Agenda for Development. " *World Development* 25, 11: 1743 – 1754.

—. 2008. "PRA, PLA and Pluralism: Practice and Theory. " In P. Reason and H. Bradbury (eds.). *The Sage Handbook of Action Research: Participative Inquiry and Practice*, second edition. London: Sage.

Chambers, R. , and G. Conway. 1991. "Sustainable Rural Livelihoods: Practical Concepts for the 21st Century. " *IDS Discussion Paper* 296. Brighton: Institute of Development Studies.

Channock, M. 1991. "A Peculiar Sharpness: An Essay on Property in the History of Customary Law in Colonial Africa. " *The Journal of African History* 32, 1: 65 – 88.

Chronic Poverty Research Centre (CPRC). 2008. *The Chronic Poverty Report 2008 – 2009: Escaping Poverty Traps.* Manchester: CPRC.

Clapham, C. 1998. Discerning the New Africa. *International Affairs*

74, 2: 263-269.

Clarke, W., and N. Dickson. 2003. "Sustainability Science: The Emerging Research Program."*Proceedings of the National Academy of Sciences* 100, 14: 8059-8061.

Clay, E., and B. Schaffer (eds.). 1984. *Room for Manoeuvre: An Exploration of Public Policy in Agriculture and Rural Development.* Cranbury: Associated University Presses.

Cleaver, F. 2012. *Development Through Bricolage: Rethinking Institutions for Natural Resource Management.* London: Routledge.

Cleaver, F., and T. Franks. 2005. *How Institutions Elude Design: River Basin Management and Sustainable Livelihoods.* Bradford: Bradford Centre for International Development (BCID).

Cobbett, W. 1853. *Rural Rides in Surrey, Kent and Other Counties: in 2 Vols.* JM Dent & Sons.

Collier, P. 2008. "The Politics of Hunger: How Illusion and Greed Fan the Food Crisis." *Foreign Affairs*: 67-79.

Conroy, C., and M. Litvinoff (eds.). 1988. *The Greening of Aid: Sustainable Livelihoods in Practice.* London: Earthscan.

Conway, G. 1985. "Agroecosystems Analysis."*Agricultural Administration* 20: 31-55.

Conway, G. 1987. "The Properties of Agroecosystems."*Agricultural Systems* 24, 2: 95-117.

Conway, T., C. Moser, A. Norton and J. Farrington. 2002. *Rights and Livelihoods Approaches: Exploring Policy Dimensions.* London: Overseas Development Institute.

Cooke, B., and U. Kothari (eds.). 2001. *Participation: The New Tyranny?* London: Zed Books.

Corbett, J. 1988. "Famine and Household Coping Strategies."*World*

Development 16, 9: 1099-1112.

Cornwall, A. , and D. Eade. 2010. *Deconstructing Development Discourse: Buzzwords and Fuzzwords*. Rugby: Practical Action Publishing.

Cornwall, A. , and I. Scoones. 2011. *Revolutionizing Development: Reflections on the Work of Robert Chambers*. London: Earthscan-Routledge.

Corson, C. , K. I. MacDonald and B. Neimark. 2013. "Grabbing Green: Markets, Environmental Governance and the Materialization of Natural Capital." *Human Geography* 6, 1: 1-15.

Cotula, L. 2013. *The Great African Land Grab? Agricultural Investments and the Global Food System*. London: Zed Books.

Cousins, B. 2010. "What Is a 'Smallholder'?" *PLAAS Working Paper* 16. Cape Town: University of the Western Cape.

Cousins, B. , D. Weiner and N. Amin. 1992. "Social Differentiation in the Communal Lands of Zimbabwe." *Review of African Political Economy* 19, 53: 5-24.

Croll, E. , and D. Parkin (eds.). 1992. *Bush Base, Forest Farm: Culture, Environment, and Development*. London: Routledge.

Davies, J. , J. White, A. Wright, Y. Maru and M. LaFlamme. 2008. "Applying the Sustainable Livelihoods Approach in Australian Desert Aboriginal Development." *The Rangeland Journal* 30, 1: 55-65.

Davies, S. 1996. *Adaptable Livelihoods: Coping with Food Insecurity in the Malian Sahel*. London: MacMillan.

Davies, S. , and N. Hossain. 1987. "Livelihood Adaptation, Public Action and Civil Society: A Review of the Literature." *IDS Working Paper* 57. Brighton: Institute of Development Studies.

Davis, P. , and B. Baulch. 2011. "Parallel Realities: Exploring Poverty

Dynamics Using Mixed Methods in Rural Bangladesh. " *The Journal of Development Studies* 47, 1: 118-142.

De Bruijn, M. , and H. van Dijk. 2005. "Introduction: Climate and Society in Central and South Mali. " In M. De Bruijn, H. van Dijk, M. Kaag and K. van Til (eds.). *Sahelian Pathways: Climate and Society in Central and South Mali.* Leiden: African Studies Centre.

De Haan, A. 1999. "Livelihoods and Poverty: The Role of Migration: A Critical Review of the Migration Literature. " *The Journal of Development Studies* 36, 2: 1-47.

De Haan, L. , and A. Zoomers. 2005. "Exploring the Frontier of Livelihoods Research. " *Development and Change* 36, 1: 27-47.

De Janvry, A. 1981. *The Agrarian Question and Reformism in Latin America.* Baltimore: Johns Hopkins University Press.

Deaton, A. , and V. Kozel. 2004. "Data and Dogma: The Great Indian Poverty Debate. " *World Bank Research Observer* 20, 2: 177-199.

Dekker, M. 2004. *Risk, Resettlement and Relations: Social Security in Rural Zimbabwe.* Amsterdam: Rozenberg Publishers.

Deneulin, S. , and J. A. McGregor. 2010. "The Capability Approach and the Politics of a Social Conception of Wellbeing. " *European Journal of Social Theory* 13, 4: 501-519.

Denzin, N. K. , and Y. S. Lincoln (eds.). 2011. *The SAGE Handbook of Qualitative Research.* London: Sage.

Devereux, S. 2001. "Livelihood Insecurity and Social Protection: A Re-Emerging Issue in Rural Development. " *Development Policy Review* 19, 4: 507-520.

Devereux, S. , and R. Sabates-Wheeler. 2004. " Transformative

Social Protection. " *IDS Working Paper* 232. Brighton: Institute of Development Studies.

Dolan, C. S. 2004. "I Sell My Labour Now': Gender and Livelihood Diversification in Uganda. " *Canadian Journal of Development Studies/Revue Canadienne d'Études du Développement* 25, 4: 643-661.

Dorward, A. 2009. "Integrating Contested Aspirations, Processes and Policy: Development as Hanging in, Stepping up and Stepping out. " *Development Policy Review* 27, 2: 131-146.

Dorward, A. , S. Anderson, Y. N. Bernal, E. S. Vera, J. Rushton, J. Pattison and R. Paz. 2009. "Hanging in, Stepping up and Stepping out: Livelihood Aspirations and Strategies of the Poor. " *Development in Practice* 19, 2: 240-247.

Dorward, A. , N. Poole, J. Morrison, J. Kydd and I. Urey. 2003. "Markets, Institutions and Technology: Missing Links in Livelihoods Analysis. " *Developinent Policy Review* 21, 3: 319-332.

Drinkwater, M. , M. McEwan and F. Samuels. 2006. "The Effects of HIV/AIDS on Agricultural Production Systems in Zambia: A Restudy 1993 - 2005. " *IFPRI RENEWAL Report.* Washington, DC: International Food Policy.

Du Toit, A. , and J. Ewert. 2002. "Myths of Globalisation: Private Regulation and Farm Worker Livelihoods on Western Cape Farms. " *Transformation: Critical Perspectives on Southern Africa* 50, 1: 77-104.

Duflo, E. 2012. "Human Values and the Design of the Fight against Poverty. " Tanner Lecture. Massachusetts Institute of Technology (MIT), May.

Duncombe, R. 2014. "Understanding the Impact of Mobile Phones on Livelihoods in Developing Countries. " *Development Policy Review* 32: 567-588.

Edwards, P. 2000. "Aquaculture, Poverty Impacts and Livelihoods. " *Natural Resource Perspectives* 56: 1-4.

Ehrlich, P. , and A. Ehrlich. 1968. *The Population Bomb*. New York: Ballantine Books.

Ellis, F. 2000. *Rural Livelihoods and Diversity in Developing Countries*. Oxford: Oxford University Press.

Evans-Pritchard, E. E. 1940. *The Nuer: A Description of the Modes of Livelihood and Political Institutions of a Nilotic People*. Oxford: Clarendon Press.

Ewert, J. , and A. Du Toit. 2005. "A Deepening Divide in the Countryside: Restructuring and Rural Livelihoods in the South African Wine Industry. " *Journal of Southern African Studies* 31, 2: 315-332.

Eyben, R. (ed.). 2006. *Relationships for Aid*. London: Routledge.

Fairhead, J. , M. Leach and I. Scoones. 2012. "Green Grabbing: A New Appropriation of Nature?" *The Journal of Peasant Studies* 39, 2: 237-261.

Fairhead, J. , and M. Leach. 1996. *Misreading the African Landscape: Society and Ecology in a Forest-Savanna Mosaic*. Cambridge: Cambridge University Press.

Fals Borda, O. , and M. A. Rahman. 1991. *Action and Knowledge: Breaking the Monopoly with Participatory Action Research*. Muscat: Apex Press.

Fardon, R. (ed.). 1990. *Localizing Strategies: Regional Traditions of Ethnographic Writing*. Edinburgh: Scottish Academic Press.

Farmer, B. 1977. *Green Revolution*. MacMillan: London.

Farrington, J. 1988. "Farmer Participatory Research: Editorial Introduction." *Experimental Agriculture* 24, 3: 269-279.

Farrington, J., T. Ramasut and J. Walker. 2002. "Sustainable Livelihoods Approaches in Urban Areas: General Lessons, with Illustrations from Indian Examples." *ODI Working Paper* 162. London: Overseas Development Institute.

Ferguson, J. 1990. *The Anti-Politics Machine: "Development", Depoliticization, and Bureaucratic Power in Lesotho.* Cambridge: Cambridge University Press.

Fine, B. 2001. *Social Capital versus Social Theory: Political Economy and Social Science at the Turn of the Millennium.* London: Routledge.

Folke, C., S. Carpenter, T. Elmqvist, L. Gunderson, C. Holling and B. Walker. 2002. "Resilience and Sustainable Development: Building Adaptive Capacity in a World of Transformations." AMBIO: *A Journal of the Human Environment* 31, 5: 437-440.

Forsyth, T. 2003. *Critical Political Ecology: The Politics of Environmental Science.* London: Routledge.

Forsyth, T., M. Leach and I. Scoones. 1998. *Poverty and Environment: Priorities for Research and Study — An Overview Study, prepared for the United Nations Development Programme and European Commission.* Brighton: Institute of Development Studies.

Foucault, M., G. Burchell, C. Gordon and P. Miller (eds.). 1991. *The Foucault Effect: Studies in Governmentality.* Chicago: University of Chicago Press.

Francis, E. 2000. *Making a Living: Changing Livelihoods in Rural Africa.* London: Routledge.

Fraser, N. 2003. "Social Justice in the Age of Identity Politics: Redistribution, Recognition and Participation." In N. Fraser and A. Honneth (eds.). *Redistribution or Recognition? A Political-Philosophical Exchange.* London: Verso.

——. 2011. "Marketization, Social Protection, Emancipation: Toward a Neo-Polanyian Conception of Capitalist Crisis." In C. Calhoun and G. Derluguian (eds.). *Business as Usual: The Roots of the Global Financial Meltdown.* New York: NYU Press: 137–157.

——. 2012. "Can Society Be Commodities All the Way Down? Polanyian Relections on Capitalist Crisis." *Fondation Maison des Sciences de l'Homme Working Paper (FMSHWP)* 18.

——. 2013. "A Triple Movement? Parsing the Politics of Crisis after Polanyi." *New Left Review* 81: 119–132.

Fraser, N., and A. Honneth. 2003. *Redistribution or Recognition? A Political Philosophical Exchange.* London: Verso.

Freire, P. 1970. *Pedagogy of the Oppressed.* London: Bloomsbury Publishing.

Frost, P., and F. Robertson. 1987. *Fire: The Ecological Effects of Fire in Savannas.* Paris: International Union of Biological Sciences Monograph Series.

Gaillard, C., and J. Sourisseau. 2009. "Système de Culture, Système d'Activité(s) et Rural Livelihood: Enseignements Issus d'une Étude sur l'Agriculture Kanak (Nouvelle Calédonie)." *Journal de la Societé des Océanistes* 129, 2: 5–20.

Geels, F., and J. Schot. 2007. "Typology of Sociotechnical Transition Pathways." *Research Policy* 36, 3: 399–417.

Giddens, A. 1984. *The Constitution of Society: Outline of the Theory of*

Structuration. Cambridge: Polity Press.

Gieryn, T. 1999. *Cultural Boundaries of Science: Credibility on the Line.* Chicago: University of Chicago Press.

Gilbert, E. H. , D. W. Norman and F. E. Winch. 1980. "Farming Systems Research: A Critical Appraisal." *MSU Rural Development Papers* 6. Department of Agricultural Economics, Michigan State University.

Gilling, J. , S. Jones and A. Duncan. 2001. "Sector Approaches, Sustainable Livelihoods and Rural Poverty Reduction." *Development Policy Review* 19, 3: 303–319.

Goldsmith, E. , R. Allen, M. Allaby, J. Davoll and S. Lawrence. 1972. *A Blueprint for Survival.* Harmondsworth: Penguin.

Gough, I. , and J. A. McGregor. 2007. *Wellbeing in Developing Countries: From Theory to Research.* Cambridge: Cambridge University Press.

Grandin, B. 1988. *Wealth Ranking in Smallholder Communities: A Field Manual.* London: Intermediate Technology Publications.

Greeley, M. 1994. "Measurement of Poverty and Poverty of Measurement." *IDS Bulletin* 25, 2: 50–58.

Green, M. , and D. Hulme. 2005. "From Correlates and Characteristics to Causes: Thinking about Poverty from a Chronic Poverty Perspective." *World Development* 33, 6: 867–879.

Grindle, M. S. , and J. W. Thomas. 1991. *Public Choices and Policy Change: The Political Economy of Reform in Developing Countries.* Baltimore: Johns Hopkins University Press.

Grosh, M. E. , and P. Glewwe. 1995. *A Guide to Living Standards Measurement Study Surveys and Their Data Sets* (Vol. 120). Washington, DC: World Bank Publications.

Grosz, E. A. 1994. *Volatile Bodies: Toward a Corporeal Feminism*. Bloomington, IN: Indiana University Press.

Guijt, I. 1992. "The Elusive Poor: A Wealth of Ways to Find Them." Special Issue on Applications of Wealth Ranking. *RRA Notes* 15: 7-13.

——. 2008. "Seeking Surprise: Rethinking Monitoring for Collective Learning in Rural Resource Management." Wageningen: PhD thesis, Wageningen University.

Gunderson, L. H. and C. H. Holling(eds.). 2002. *Panarchy: Understanding Transformations in Human and Natural Systems*. Washington DC: Island Press.

Gupta, C. L. 2003. "Role of Renewable Energy Technologies in Generating Sustainable Livelihoods." *Renewable and Sustainable Energy Reviews* 7, 2: 155-174.

Guyer, J., and P. Peters. 1987. "Conceptualising the Household: Issues of Theory and Policy in Africa." *Development and Change* 18, 2: 197-214.

Haggblade, S., P. Hazell and T. Reardon. 2010. "The Rural Non-farm Economy: Prospects for Growth and Poverty Reduction," *World Development* 38, 10: 1429-1441.

Hall, D. 2012. "Rethinking Primitive Accumulation: Theoretical Tensions and Rural Southeast Asian Complexities." *Antipode* 44, 4: 1188-1208.

Hall, D., P. Hirsch and T. M. Li. 2011. *Powers of Exclusion: Land Dilemmas in Southeast Asia*. Honolulu: University of Hawaii Press.

Haraway, D. 1988. "Situated Knowledges: The Science Question in Feminism and the Privilege of Partial Perspective." *Feminist*

Studies 575–599.

Harcourt, W. , and A. Escobar (eds.). 2005. *Women and the Politics of Place*. Bloomfield, CT: Kumarian Press.

Hardin, G. 1968. "The Tragedy of the Commons. " *Science* 162, 3859: 1243–1248.

Harriss, J. , J. Hunter and C. M. Lewis(eds.). 1995. *The New Institutional Economics and Third World Development*. London: Routledge.

Harriss, J. (ed.). 1997. "Policy Arena: ' Missing Link' or Analytically Missing? The Concept of Social Capital. "*Journal of International Development* 9, 7: 919–971.

Harriss, J. 2011. "Village Studies. " pp. 165–172. In A. Cornwall and I. Scoones, *Revolutionizing Development: Reflections on the Work of Robert Chambers*. London: Routledge.

—. 2002. *Depoliticizing Development: The World Bank and Social Capital*. London: Anthem Press.

Harriss-White, B. , and N. Gooptu. 2009. "Mapping India's World of Unorganized Labour. "*Socialist Register* 37: 89–118.

Hart, G. 1986. *Power, Labor and Livelihoods*. Berkeley: University of California Press.

Hartmann, B. 2010. "Rethinking the Role of Population in Human Security. " In R. Matthew, J. Barnett, B. McDonald and K. O'Brien (eds.). *Global Environmental Change and Human Security*. Cambridge Mass. : MIT Press.

Harvey, D. 2005. *A Brief History of Neoliberalism*. Oxford: Oxford University Press.

Haverkort, B. , and W. Hiemstra. 1999. *Food for Thought: Ancient Visions and New Experiments of Rural People*. London: Zed Books.

Haverkort, B. , J. V. D. Kamp and A. W. Bayer. 1991. *Joining Farmers' Experiments: Experiences in Participatory Technology Development.* London: Intermediate Technology Publications.

Hazell, P. B. , and C. Ramasamy. 1991. *The Green Revolution Reconsidered: The Impact of High-yielding Rice Varieties in South India.* Baltimore: Johns Hopkins University Press.

Hickey, S. , and G. Mohan. 2005. "Relocating Participation Within a Radical Politics of Development. " *Development and Change* 36, 2: 237-262.

Hill, P. 1986. *Development Economics on Trial: The Anthropological Case for a Prosecution.* Cambridge: Cambridge University Press.

Hobley, M. , and D. Shields. 2000. *The Reality of Trying to Transform Structures and Processes: Forestry in Rural Livelihoods.* London: Overseas Development Institute.

Holling, C. S. 1973. "Resilience and Stability of Ecological Systems. " *Annual Review of Ecology and Systematics* 1-23.

Homewood, K. (ed.). 2005. *Rural Resources and Local Livelihoods in Africa.* James Currey.

Hoon, P. , N. Singh and S. S. Wanmali. 1997. *Sustainable Livelihoods: Concepts, Principles and Approaches to Indicator Development, A Discussion Paper.* http://www. undp. org/sl/document/strategy_papers/.

Howes, M. , and R. Chambers. 1979. "Indigenous Technical Knowledge: Analysis, Implications and Issues. " *IDS Bulletin* 10, 2: 5-11.

Hudson, D. , and A. Leftwich. 2014. "From Political Economy to Political Analysis. " *Research Paper* 25. Birmingham: University of Birmingham, Developmental Leadership Programme.

Hulme, D. , and A. Shepherd. 2003. "Conceptualising Chronic Poverty. "*World Development* 31: 403-423.

Hulme, D. , and J. Toye. 2006. "The Case for Cross-Disciplinary Social Science Research on Poverty, Inequality and Well-being. "*Journal of Development Studies* 42, 7: 1085-1107.

Hussein, K. 2002. *Livelihoods Approaches Compared: A Multi-Agency Review of Current Practice.* London: Overseas Development Institute.

Hutton, J. , W. M. Adams and J. C. Murombedzi. 2005. "Back to the Barriers? Changing Narratives in Biodiversity Conservation. "*Forum for Development Studies* 32, 2: 341-370.

Hyden, G. 1998. "Governance and Sustainable Livelihoods. " Paper for the Workshop on Sustainable Livelihoods and Sustainable Development, 1-3 October, 1998, jointly organized by UNDP and the Center for African Studies, University of Florida, Gainesville.

Institute of Development Studies (IDS) (KNOTS). 2006. *Understanding Policy Processes: A Review of Ids Research on the Environment.* Brighton: Institute of Development Studies.

Jackson, C. 1993. "Women/Nature or Gender/History? A Critique of Ecofeminist' Development. "*Journal of Peasant Studies* 20, 3: 389-418.

Jackson, T. 2005. "Live Better by Consuming Less? Is There a 'Double Dividend' in Sustainable Consumption?"*Journal of Industrial Ecology* 9, 12: 19-36.

—. 2011. *Prosperity Without Growth: Economics for a Finite Planet.* London: Routledge.

Jakimow, T. 2013. "Unlocking the Black Box of Institutions in

Livelihoods Analysis: Case Study from Andhra Pradesh, India. " *Oxford Development Studies* 41, 4: 493-516.

Jasanoff, S. (ed.). 2004. *States of Knowledge: The Co-Production of Science and the Social Order*. London: Routledge.

Jerven, M. 2013. *Poor Numbers: How We Are Misled by African Development Statistics and What to Do About It*. Ithaca, NY: Cornell University Press.

Jha, S. , C. M. Bacon, S. M. Philpott, R. A. Rice, V. E. Méndez and P. Läderach. 2011. A Review of Ecosystem Services, Farmer Livelihoods, and Value Chains in Shade Coffee Agroecosystems, pp. 141-208. In W. Campbell and S. Lopez Ortiz (eds.). *Integrating Agriculture, Conservation and Ecotourism: Examples from the Field*. Berlin: Springer.

Jodha, N. S. 1988. "Poverty Debate in India: A Minority View. " *Economic and Political Weekly*. Special Number, November: 2421-2428.

Kaag, M. , R. van Berkel, J. Brons, M. de Bruijn, H. van Dijk, L. de Haan, G. Nooteboom and A. Zoomers. 2004. Ways Forward in Livelihood Research, pp. 49 - 74, In D. Kalb, W. Panters and H. Siebers (eds.) . *Globalization and Development: Themes and Concepts in Current Research*. Dordrecht: Kluwer Academic Press.

Kabeer, N. 2005. "Snakes, Ladders and Traps: Changing Lives and Livelihoods in Rural Bangladesh (1994-2001). " *CPRC Working Paper* 50. Manchester: Chronic Poverty Research Centre.

Kanbur, R. (ed.). 2003. *Q-Squared: Combining Qualitative and Quantitative Methods in Poverty Appraisal*. Delhi: Permanent Black.

Kanbur, R. , and P. Shaffer. 2006. " Epistemology, Normative

Theory and Poverty Analysis: Implications for Q-Squared in Practice. "*World Development* 35, 2: 183-196.

Kanbur, R., and A. Sumner. 2012. "Poor Countries of Poor People? Development Assistance and the New Geography of Global Poverty. " *Journal of International Development* 24, 6: 686-695.

Kanji, N. 2002. "Trading and Trade-offs: Women's Livelihoods in Gorno Badakhshan, Tadjikistan. "*Development in Practice* 12, 2.

Keeley, J., and I. Scoones. 1999. "Understanding Environmental Policy Processes: A Review. " *IDS Working Paper* 89. Brighton: Institute of Development Studies.

—. 2003. *Understanding Environmental Policy Processes: Cases from Africa*. London: Earthscan.

Kelsall, T. 2013. *Business, Politics, and the State in Africa: Challenging the Orthodoxies on Growth and Transformation*. London: Zed Books.

Kuhn, T. S. 1962. *The Structure of Scientific Revolutions*. Chicago: University of Chicago Press.

Laderchi, C. R., R. Saith and F. Stewart. 2003. "Does It Matter that We Do Not Agree on the Definition of Poverty? A Comparison of Four Approaches. " *Oxford Development Studies* 31, 3: 243-274.

Lane, C., and R. Moorehead. 1994. "New Directions in Rangeland and Resource Tenure and Policy. " In I. Scoones (ed.). *Living with Uncertainty: New Directions in Pastoral Development in Africa*. London: Intermediate Technology Publications.

Lankford, B., and N. Hepworth. 2010. "The Cathedral and the Bazaar: Monocentric and Polycentric River Basin Management. " *Water Alternatives* 3, 1: 82-101.

Layard, P. R. G. , and R. Layard. 2011. *Happiness: Lessons from a New Science.* Harmondsworth: Penguin.

Lazarus, J. 2008. "Participation in Poverty Reduction Strategy Papers: Reviewing the Past, Assessing the Present and Predicting the Future. " *Third World Quarterly* 29, 6: 1205–1221.

Leach, M. 2007. "Earth Mother Myths and Other Ecofeminist Fables: How a Strategic Notion Rose and Fell. " *Development and Change* 38, 1: 67–85.

Leach, M. , and R. Mearns(eds.). 1996. *The Lie of the Land: Challenging Received Wisdom on the African Environment.* Oxford: James Currey.

Leach, M. , R. Mearns and I. Scoones. 1999. "Environmental Entitlements: Dynamics and Institutions in Community-based Natural Resource Management. " *World Development* 27, 2: 225–247.

Leach, M. , K. Raworth and J. Rockström. 2013. "Between Social and Planetary Boundaries: Navigating Pathways in the Safe and Just Space for Humanity. " In International Social Science Council/UNESCO (eds.). *World Social Science Report 2013: Changing Global Environments.* Paris: OECD and UNESCO.

Leach, M. , J. Rokstrom, P. Raskin, I. Scoones, A. C. Stirling, A. Smith and P. Olsson. 2012. "Transforming Innovation for Sustainability. " *Ecology and Society* 17, 2: 11.

Leach, M. , and I. Scoones (eds.). 2015. *Carbon Conflicts and Forest Landscapes in Africa.* London: Routledge.

Leach, M. , I. Scoones and A. Stirling. 2010. *Dynamic Sustainabilities: Technology, Environment, Social Justice.* London: Earthscan.

Leftwich, A. 2007. *From Drivers of Change to the Politics of Develop-*

ment: *Refining the Analytical Framework to Understand the Politics of the Places Where We Work: Notes of Guidance for DfID Offices*. London: DfID.

Lele, S. M. 1991. "Sustainable Development: A Critical Review." *World Development* 19, 6: 607-621.

Li, T. 1996. "Images of Community: Discourse and Strategy in Property Relations." *Development and Change* 27, 3: 501-527.

—. 2007. *The Will to Improve: Governmentality, Development, and the Practice of Politics*. Durham: Duke University Press.

—. 2014. *Land's End: Capitalist Relations on an Indigenous Frontier*. Durham: Duke University Press.

Lipton, M., and M. Moore. 1972. "Methodology of Village Studies in Less Developed Countries." Brighton: Institute of Development Studies.

Lipton, M. 2009. *Land Reform in Developing Countries: Property Rights and Property Wrongs*. London: Routledge.

Loevinson, M., and S. Gillespie. 2003. "HIV/AIDS, Food Security and Rural Livelihoods: Understanding and Responding." *FCND Discussion Paper* 157, Food Consumption and Nutrition Division, International Food Policy Research Institute, Washington DC.

Long, N. 1984. *Family and Work in Rural Societies: Perspectives on Non-Wage Labour*. London: Tavistock.

Long, N., and A. Long (eds.). 1992. *Battlefields of Knowledge: The Interlocking of Theory and Practice in Social Research and Development*. London: Routledge.

Long, N., and J. C. van der Ploeg. 1989. "Demythologizing Planned Intervention: An Actor Perspective." *Sociologia Ruralis* 29, 34:

226-249.

Longley, C. , and D. Maxwell. 2003. *Livelihoods, Chronic Conflict and Humanitarian Response: A Review of Current Approaches.* London: Overseas Development Institute.

Lund, C. 2006. "Twilight Institutions: Public Authority and Local Politics in Africa."*Development and Change* 37, 4: 685-705.

—. 2008. *Local Politics and the Dynamics of Property in Africa.* Cambridge: Cambridge University Press.

Mamdani, M. 1996. *Citizen and Subject: Contemporary Africa and the Legacy of Late Colonialism.* Princeton: Princeton University Press.

Martinez-Alier, J. 2014. "The Environmentalism of the Poor."*Geoforum* 54: 239-241.

Martinez-Alier, J. , I. Anguelovski, P. Bond, D. Del Bene, F. Demaria, J.-F. Gerber, L. Greyl, W. Haas, H. Healy, V. Marín-Burgos, G. Ojo, L. Porto M. Rijnhout, B. Rodríguez-Labajos, J. Spangenberg, L. Temper, R. Warlenius and I. Yánez. 2014. "Between Activism and Science: Grassroots Concepts for Sustainability Coined by Environmental Justice Organizations. " *Journal of Political Ecology* 21: 19-60.

Marx, K. 1963. *The Eighteenth Brumaire of Louis Bonaparte.* New York: International Publishers.

—. 1973. *Grundrisse: Foundations of the Critique of Political Economy,* translated by Martin Nicolaus. New York: Vintage.

Matthew, B. 2005. *Ensuring Sustained Beneficial Outcomes for Water and Sanitation Programmes in the Developing World.* The Hague: IRC International Water and Sanitation Centre.

Maxwell, D. G. 1996. "Measuring Food Insecurity: The Frequency and Severity of 'Coping Strategies.' "*Food Policy* 21, 3: 291-303.

Maxwell, D. , C. Levin, M. Armar-Klemesu, M. Ruel, S. Morris and C. Ahiadeke. 2000. *Urban Livelihoods and Food and Nutrition Security in Greater Accra, Ghana.* Washington, DC: International Food Policy Research Institute.

McAfee, K. 1999. "Selling Nature to Save it? Biodiversity and the Rise of Green Developmentalism. "*Environment and Planning D: Society and Space* 17, 2: 133-154.

—. 2012. "The Contradictory Logic of Global Ecosystem Services Markets. " *Development and Change* 43, 1: 105-131.

McDowell, C. , and A. De Haan. 1997. *Migration and Sustainable Livelihoods: A Critical Review of the Literature.* Brighton: Institute of Development Studies.

McGregor, J. A. 2007. "Researching Human Wellbeing: From Concepts to Methodology. " In I. Gough and J. A. McGregor (eds.) . *Wellbeing in Developing Countries: From Theory to Research.* Cambridge: Cambridge University Press.

Meadows, D. H. , E. I. Goldsmith and P. Meadows. 1972. *The Limits to Growth.* London: Earth Island Limited.

Mehta, L. 2005. *The Politics and Poetics of Water: The Naturalisation of Scarcity in Western India.* Hyderabad: Orient Blackswan.

Mehta, L. (ed.). 2010. *The Limits to Scarcity: Contesting the Politics of Allocation.* London: Routledge.

Mehta, L. , M. Leach, P. Newell, I. Scoones, K. Sivaramakrishnan and S. A. Way. 1999. "Exploring Understandings of Institutions and Uncertainty: New Directions in Natural Resource Management. " *IDS Discussion Paper* 372. Brighton: Institute of Development Studies.

Merry, S. E. 1988. "Legal Pluralism. "*Law and Society Review* 22, 5:

869-896.

Moock, J. (ed.). 1986. *Understanding Africa's Rural Household and Farming Systems*. Boulder: Westview Press.

Moore, S. F. 2000. *Law as Process: An Anthropological Approach*. Münster: LIT Verlag.

Morris, M. D. 1979. *Measuring the Condition of the World's Poor: The Physical Quality of Life Index*. Pergamon Policy Studies, No. 42, New York: Pergamon Press.

Morris, M. L., H. P. Binswanger-Mkhize and D. Byerlee. 2009. *Awakening Africa's Sleeping Giant: Prospects for Commercial Agriculture in the Guinea Savannah Zone and Beyond*. Washington, DC: World Bank Publications.

Morse, S., and N. McNamara. 2013. *Sustainable Livelihood Approach: A Critique of Theory and Practice*. Amsterdam: Springer.

Mortimore, M. 1989. *Adapting to Drought: Farmers, Famines and Desertification in West Africa*. Cambridge: Cambridge University Press.

Mortimore, M., and W. M. Adams. 1999. *Working the Sahel: Environment and Society in Northern Nigeria*. London: Routledge.

Morton, J., and N. Meadows. 2000. *Pastoralism and Sustainable Livelihoods: An Emerging Agenda*. Chatham: Natural Resources Institute.

Moser, C. 2008. "Assets and Livelihoods: A Framework for Asset-based Social Policy." In C. Moser and A. Dani (eds.). *Assets, Livelihoods and Social Policy*. Washington, DC: World Bank.

Moser, C., and A. Norton. 2001. *To Claim Our Rights: Livelihood Security, Human Rights and Sustainable Development*. London: Overseas Development Institute.

Mosse, D. 2004. "Is Good Policy Unimplementable? Reflections on the Ethnography of Aid Policy and Practice. "*Development and Change* 35, 4: 639−671.

—. 2007. "Power and the Durability of Poverty: A Critical Exploration of the Links Between Culture, Marginality and Poverty. " *Chronic Poverty Research Centre Working Paper* 107. London: SOAS.

—. 2010. "A Relational Approach to Durable Poverty, Inequality and Power. " *Journal of Development Studies* 46, 7: 1156−1178.

Mosse, D. , S. Gupta, L. Mehta, V. Shah, J. F. Rees and K. P. Team. 2002. "Brokered Livelihoods: Debt, Labour Migration and Development in Tribal Western India. "*Journal of Development Studies* 38, 5: 59−88.

Mouffe, C. 2005. *On the Political.* London: Routledge.

Murray, C. 2002. "Livelihoods Research: Transcending Boundaries of Time and Space. "*Journal of Southern African Studies. Special Issue: Changing Livelihoods* 28, 3: 489−509.

Mushongah, J. 2009. "Rethinking Vulnerability: Livelihood Change in Southern Zimbabwe, 1986−2006. " PhD dissertation, University of Sussex.

Mushongah, J. , and I. Scoones. 2012. "Livelihood Change in Rural Zimbabwe over 20 Years. "*Journal of Development Studies* 48, 9: 1241−1257.

Narayan, D. , R. Chambers, M. Shah, M. Kaul and P. Petesch. 2000. *Voices of the Poor: Crying out for Change.* New York: Oxford University Press for the World Bank.

Necosmos, M. 1993. "The Agrarian Question in Southern Africa and 'Accumulation from Below' : Economics and Politics inthe Struggle for Democracy. " *Scandinavian Institute of African Studies Research Report* 93. Uppsala: SIAS.

Nelson, D. , W. N. Adger and K. Brown. 2007. "Adaptation to Environmental Change: Contributions of a Resilience Framework. "*Annual Review of Environment and Resources* 32: 345 – 373.

Netting, R. 1968. *Hill Farmers of Nigeria: Cultural Ecology of the Kofyar of the Jos Plateau.* Seattle: University of Washington Press.

—. 1993. *Smallholders, Householders: Farm Families and the Ecology of Intensive, Sustainable Agriculture.* Stanford: Stanford University Press.

Nicol, A. 2000. "Adopting a Sustainable Livelihoods Approach to Water Projects: Implications for Policy and Practice. " *ODI Working Paper* 133. London: Overseas Development Institute.

Nightingale, A. J. 2011. "Bounding Difference: Intersectionality and the Material Production of Gender, Caste, Class and Environment in Nepal. "*Geoforum* 42, 2: 153–162.

North, D. 1990. *Institutions, Institutional Change and Economic Performance.* Cambridge: Cambridge University Press.

Norton, A. , and M. Foster. 2001. "The Potential of Using Sustainable Livelihoods Approaches in Poverty Reduction Strategy Papers. " London: Overseas Development Institute.

Nussbaum, M. C. 2003. "Capabilities as Fundamental Entitlement: Sen and Social Justice. " *Feminist Economics* 9, 2–3: 33–59.

Nussbaum, M. C. , and A. K. Sen (eds.) . 1993. *The Quality of Life.* Oxford: Clarendon Press.

Nussbaum, M. C. , and J. Glover (eds.) . 1995. *Women, Culture and Development.* Oxford: Clarendon Press.

Ohlsson, L. 2000. *Livelihood Conflicts: Linking Poverty and Environment as Causes of Conflict.* Stockholm: Swedish International Development Cooperation Agency.

O'Laughlin, B. 1998. "Missing Men? The Debate over Rural Poverty and Women-headed Households in Southern Africa." *The Journal of Peasant Studies* 25, 2: 1−48.

—. 2002. "Proletarianisation, Agency and Changing Rural Livelihoods: Forced Labour and Resistance in Colonial Mozambique." *Journal of Southern African Studies* 28: 511−530.

—. 2004. "Book Reviews." *Development and Change* 35, 2: 385 − 403.

Olivier de Sardan, J. P. 2011. "Local Powers and the Co-delivery of Public Goods in Niger." *IDS Bulletin* 42, 2: 32−42.

Ortner, S. B. 1984. "Theory in Anthropology since the Sixties." *Comparative Studies in Society and History* 26, 1: 126−166.

—. 2005. "Subjectivity and Cultural Critique." *Anthropological Theory* 5, 1: 31−52.

Ström, E. 1990. *Governing the Commons: The Evolution of Institutions for Collective Action.* Cambridge: Cambridge University Press.

—. 2009. *Understanding Institutional Diversity.* Princeton, NJ: Princeton University Press.

Paavola, J. 2008. "Livelihoods, Vulnerability and Adaptation to Climate Change in Morogoro, Tanzania." *Environmental Science and Policy* 11, 7: 642−654.

Patel, R. 2009. "Grassroots Voices: Food Sovereignty." *The Journal of Peasant Studies* 36, 3: 663−706.

Paul, C. 2007. *The Bottom Billion: Why the Poorest Countries Are*

Failing and Wiat Can Be Done About It. Oxford: Oxford University Press.

Peet, R., P. Robbins and M. Watts (eds.). 2011. *Global Political Ecology.* London: Routledge.

Peet, R., and M. Watts (eds.). 1996. *Liberation Ecologies: Environment, Development and Social Movements.* London: Routledge.

Pelissier, P. 1984. *Le Développement Rural en Question: Paysages, Espaces Ruraux, Systèmes Agraires.* Paris: Publications ORSTOM.

Peluso, N. L., and C. Lund. 2011. "New Frontiers of Land Control: Introduction." *The Journal of Peasant Studies* 38, 4: 667–681.

Peters, P. E. 2004. "Inequality and Social Conflict over Land in Africa." *Journal of Agrarian Change* 4, 3: 269–314.

—. 2009. "Challenges in Land Tenure and Land Reform in Africa: Anthropological Contributions." *World Development* 37, 8: 1317–1325.

Piketty, T. 2014. *Capital in the Twenty-first Century.* Cambridge: Harvard University Press.

Polanyi, K. 1977 (ed., H. W. Pearson). *The Livelihood of Man.* New York: Academic Press.

Polanyi, K. 2001 (1944). *The Great Transformation: The Political and Economic Origins of Our Time.* Boston: Beacon Press.

Pound, B., A. Braun, S. Snapp and C. McDougall. 2003. *Managing Natural Resources for Sustainable Livelihoods: Uniting Science and Participation.* IDRC: Ottawa.

Prowse, M. 2010. "Integrating Reflexivity into Livelihoods Research." *Progress in Development Studies* 10: 211–231.

Putnam, R., R. Leonardi and R. Nanetti. 1993. *Making Democracy*

Work: Civic Traditions in Modern Italy. Princeton, NJ: Princeton University Press.

Rakodi, C. , and T. Lloyd Jones (eds.). 2002. *Urban Livelihoods: A People Centred Approach to Reducing Poverty.* London: Earthscan.

Ramalingam, B. 2013. *Aid on the Edge of Chaos: Rethinking International Cooperation in a Complex World.* Oxford: Oxford University Press.

Ranger, T. O. , and E. J. Hobsbawm (eds.). 1983. *The Invention of Tradition.* Cambridge: Cambridge University Press.

Rappaport, R. A. 1967. *Pigs for the Ancestors: Ritual in the Ecology of a New Guinea People.* New Haven: Yale University Press.

Ravallion, M. 2011a. *Global Poverty Measurement: Current Practice and Future Challenges.* Washington, DC: Development Research Group of the World Bank.

—. 2011b. "On Multidimensional Indices of Poverty. " *The Journal of Economic Inequality* 9, 2: 235−248.

—. 2011c. "Mashup Indices of Development. " *The World Bank Research Observer* 27, 1.

Razavi, S. 1999. "Gendered Poverty and Well-being: Introduction. "*Development and Change* 30, 3: 409−433.

Reason, P. , and H. Bradbury (eds.). 2001. *Handbook of Action Research: Participative Inquiry and Practice.* London: Sage.

Reij, C. , I. Scoones and C. Toulmin (eds.). 1996. *Sustaining the Soil: Indigenous Soil and Water Conservation in Africa.* London: Earthscan.

Rennie, J. , and N. Singh. 1996. *Participatory Research for Sustainable Livelihoods: A Guidebook for Field Projects.* IISD: Ottawa.

Ribot, J. C. , and N. L. Peluso. 2003. "A Theory of Access. " *Rural*

Sociology 68, 2: 153−181.

Richards, P. 1985. *Indigenous Agricultural Revolution: Ecology and Food Production in West Africa.* London: Hutchinson.

—. 1986. *Coping with Hunger: Hazard and Experiment in an African Rice Farming System.* London: Allen & Unwin.

Rigg, J. , T. A. Nguyen and T. T. H. Luong. 2014. "The Texture of Livelihoods: Migration and Making a Living in Hanoi. " *Journal of Development Studies* 50, 3: 368−382.

Robbins, P. 2004. *Political Ecology: A Critical Introduction.* Oxford: Blackwell.

Rocheleau, D. , B. Thomas-Slayter and E. Wangari (eds.) . 1996. *Feminist Political Ecology: Global Issues and Local Experience.* London: Routledge.

Rockström, J. , W. Steffen, K. Noone, A Persson, F. S. Chapin, E. F. Lambin and J. A. Foley. 2009. "A Safe Operating Space for Humanity. " *Nature* 461, 7263: 472−475.

Rodríguez, I. 2007. "Pemon Perspectives of Fire Management in Canaima National Park, Southeastern Venezuela. " *Human Ecology* 35, 3: 331−343.

Roe, E. M. 1991. "Development Narratives, or Making the Best of Blueprint Development. " *World Development* 19, 4: 287−300.

Rojas, M. 2011. "Happiness, Income, and Beyond. " *Applied Research in Quality of Life* 6, 3: 265−276.

Rosset, P. 2011. "Food Sovereignty and Alternative Paradigms to Confront Land Grabbing and the Food and Climate Crises. " *Development* 54, 1: 21−30.

Rosset, P. M. , and M. E. Martínez-Torres. 2012. "Rural Social Movements and Agroecology: Context, Theory, and Process. "

Ecology and Society 17, 3: 17.

Rowntree, B. S. 1902. *Poverty: A Study of Town Life.* London: MacMillan and Co.

Sakdapolorak, P. 2014. Livelihoods as Social Practices—Re-energising Livelihoods Research with Bourdieu's Theory of Practice. *Geographica Helvetica* 69: 19−28.

Sallu, S. M. , C. Twyman and L. C. Stringer. 2010. "Resilient or Vulnerable Livelihoods? Assessing Livelihood Dynamics and Trajectories in Rural Botswana."*Ecology and Society* 15, 4: 3.

Scoones, I. (ed.). 1995a. "Investigating Difference: Applications of Wealth Ranking and Household Survey Approaches among Farming Households in Southern Africa. " *Development and Change* 26: 67−88.

—. 1995b. *Living with Uncertainty: New Directions in Pastoral Development in Africa.* London: Intermediate Technology Publications.

—. 1998. "Sustainable Rural Livelihoods: A Framework for Analysis. " *IDS Working Paper* 72. Brighton: Institute of Development Studies.

—. 1999. "New Ecology and the Social Sciences: What Prospects for a Fruitful Engagement? " *Annual Review of Anthropology* 28: 479−507.

—. (ed.) . 2001. *Dynamics and Diversity: Soil Fertility and Farming Livelihoods in Africa: Case Studies from Ethiopia, Mali, and Zimbabwe.* London: Earthscan.

—. 2007. "Sustainability. " *Development in Practice* 17, 5: 89−96.

—. 2009. "Livelihoods Perspectives and Rural Development. " *The Journal of Peasant Studies* 36, 1: 171−196.

—. 2015. " Transforming Soils: Transdisciplinary Perspectives and

Pathways to Sustainability. " Current Opinion in Environmental Sustainability 15: 20−24.

Scoones, I. , M. Leach and P. Newell (eds.). 2015. *The Politics of Green Transformations*. London: Routledge.

Scoones, I. , N. Marongwe, B. Mavedzenge, J. Mahenehene, F. Murimbarimba and C. Sukume. 2010. *Zimbabwe's Land Reform: Myths and Realities*. Woodbridge: James Currey.

Scoones, I. , N. Marongwe, B. Mavedzenge, F. Murimbarimba, J. Mahenehene and C. Sukume. 2012. "Livelihoods after Land Reform in Zimbabwe: Understanding Processes of Rural Differentiation. "*Journal of Agrarian Change* 12, 4: 503−527.

Scoones, I. , R. Smalley, R. Hall, and D. Tsikata. 2014. "Narratives of Scarcity: Understanding the ' Global Resource Grab' . " *Future Agricultures Working Paper*. Brighton: Future Agricultures Consortium.

Scoones, I. , C. Chibudu, S. Chikura, P. Jeranyama, W. Machanja, B. Mavedzenge, B. Mombeshora, M. Mudhara, C. Mudziwo, F. Murimbarimba, and B. Zirereza. 1996. *Hazards and Opportunities. Farming Livelihoods in Dryland Africa. Lessons from Zimbabwe*. London: Zed Books.

Scoones, I. , and J. Thompson. 1994. *Beyond Farmer First: Rural People's Knowledge, Agricultural Research and Extension Practice*. London: Intermediate Technology Publications.

Scoones, I. , and W. Wolmer (eds.). 2002. *Pathways of Change in Africa: Crops, Livestock and Livelihoods in Mali, Ethiopia and Zimbabwe*. Oxford: James Currey.

—(eds.). 2003. "Livelihoods in Crisis? New Perspectives on Governance and Rural Development in Southern Africa. " *IDS Bul-*

letin 34, 3.

Scott, J. C. 1998. *Seeing Like a State: How Certain Schemes to Improve the Human Condition Have Failed.* New Haven: Yale University Press.

Sen, A. 1981. *Poverty and Famines: An Essay on Entitlement and Deprivation.* Oxford: Clarendon Press.

—. 1985. *Commodities and Capabilities.* Oxford: Elsevier Science Publishers.

—. 1990. "Development as Capability Expansion. " In K. Griffin and J. Knight (eds.). *Human Development and the International Development Strategy for the 1990s.* London: Macmillan.

—. 1999. *Development as Freedom.* Oxford: Oxford University Press.

Shah, E. 2012. "' A Life Wasted Making Dust' : Affective Histories of Dearth, Death, Debt and Farmers' Suicides in India. " *The Journal of Peasant Studies* 39, 5: 1159−1179.

Shankland, A. 2000. "Analysing Policy for Sustainable Livelihoods. " *IDS Research Report* 49. Brighton: Institute of Development Studies.

Shiva, V. , and M. Mies. 1993. *Ecofeminism.* London: Zed Press.

Shore, C. , and S. Wright (eds.). 2003. *Anthropology of Policy: Perspectives on Governance and Power.* London: Routledge.

Sikor, T. , and C. Lund (eds.) . 2010. *The Politics of Possession: Property, Authority, and Access to Natural Resources.* Chichester: John Wiley and Sons.

Sillitoe, P. 1998. "The Development of Indigenous Knowledge: A New Applied Anthropology. " *Current Anthropology* 39, 2: 223−252.

Smith, A. , A. Stirling and F. Berkhout. 2005. "The Governance of Sustainable Socio-technical Transitions. " *Research Policy* 34, 10:

1491–1510.

Smith, L. E. 2004. "Assessment of the Contribution of Irrigation to Poverty Reduction and Sustainable Livelihoods. " *International Journal of Water Resources Development* 20, 2: 243–257.

Soemarwoto, O. , and G. R. Conway. 1992. "The Javanese Home-garden. "*Journal for Farming Systems Research-Extension* 2, 3: 95–118.

Solesbury, W. 2003. "Sustainable Livelihoods: A Case Study of the Evolution of DFID Policy. " *ODI Working Paper* 217. London: Overseas Development Institute.

STEPS Centre. 2010. *Innovation, Sustainability, Development: A New Manifesto*. Brighton: STEPS Centre.

Stevens, C. , S. Devereux and J. Kennan. 2003. *International Trade, Livelihoods and Food Security in Developing Countries*. Brighton: Institute of Development Studies.

Stirling, A. 2007. "A General Framework for Analysing Diversity in Science, Technology and Society. "*Journal of the Royal Society Interface* 4, 15: 707–719.

—. 2008. "Opening up and Closing down: Power, Participation and Pluralism in the Social Appraisal of Technology. " *Science Technology and Human Values* 33, 2: 262–294.

Streeten, P. , S. J. Burki, U. Haq, N. Hicks and F. Stewart. 1981. *First Things First: Meeting Basic Human Needs in the Developing Countries*. Oxford: Oxford University Press.

Sultana, F. 2011. "Suffering for Water, Suffering from Water: Emotional Geographies of Resource Access, Control and Conflict. " *Geoforum* 42, 2: 163–172.

Sumberg, J. , and J. Thompson (eds.). 2012. *Contested Agronomy:*

Agricultural Research in a Changing World. London: Routledge.

Sumner, A. 2012. "Where Do the Poor Live?" *World Development* 40, 5: 865–877.

Sumner, A., and M. A. Tribe. 2008. *International Development Studies: Theories and Methods in Research and Practice.* London: Sage.

Swaminathan, M. S. 1987. *Food 2000: Global Policies for Sustainable Agriculture: Report to the World Commission on Environment and Development.* London: Zed Press.

Swift, J. 1989. "Why Are Rural People Vulnerable to Famine?" *IDS Bulletin* 20, 2: 8–15.

Tacoli, C. 1998. *Rural-Urban Linkages and Sustainable Rural Livelihoods.* London: DFID Natural Resources Department.

Tiffen, M., M. Mortimore and F. Gichuki. 1994. *More People, Less Erosion: Environmental Recovery in Kenya.* Chichester: John Wiley.

Toye, J. 1995. "The New Institutional Economics and Its Implications for Development Theory." In J. Harriss, J. Hunter and C. M. Lewis (eds.). *The New Institutional Economics and Third World Development.* London: Routledge.

van der Ploeg, J. D., and J. Z. Ye. 2010. "Multiple Job Holding in Rural Villages and the Chinese Road to Development." *The Journal of Peasant Studies* 37, 3: 513–530.

van Dijk, T. 2011. "Livelihoods, Capitals and Livelihood Trajectories a More Sociological Conceptualisation." *Progress in Development Studies* 11, 2: 101–117.

Vermeulen, S., and L. Cotula. 2010. *Making the Most of Agricultural Investment: A Survey of Business Models that Provide Opportunities for Smallholders.* London: International Institute for Environment and Development.

Vidal de la Blache, P. 1911. "Les Genres de Vie dans la Géographie Humaine. "*Annales de Géographie* 20: 193-212.

von Benda-Beckmann, F. 1995. "Anthropological Approaches to Property Law and Economics. "*European Journal of Law and Economics* 2, 2.

Wade, R. 1996. "Japan, the World Bank, and the Art of Paradigm Maintenance: The East Asian Miracle in Political Perspective. " *New Left Review* 37, 3: 3-36.

Walker, B. , and D. Salt. 2006. *Resilience Thinking: Sustaining Ecosystems and People in a Changing World*. Washington, DC: Island Press.

Walker, T. , and J. Ryan. 1990. *Village and Household Economies in India's Semi Arid Tropics*. Baltimore: Johns Hopkins University Press.

Warner, K. 2000. *Forestry and Sustainable Livelihoods*. Rome: UN Food and Agricultural Organization.

Warren, A. , S. Batterbury and H. Osbahr. 2001. "Soil Erosion in the West African Sahel: A Review and an Application of a 'Local Political Ecology' Approach in South West Niger. " *Global Environmental Change* 11, 1: 79-96.

Watts, M. 1983. *Silent Violence: Food, Famine and Peasantry in Northern Nigeria*. Berkeley: University of California Press.

—. 2012. "Class Dynamics of Agrarian Change. " *The Journal of Peasant Studies* 39, 1: 199-204.

WCED. 1987. *Our Common Future: The Report of the World Commission on Environment and Development*. Oxford: Oxford University Press.

Werbner, R. P. 1984. "The Manchester School in South-central Africa. "*Annual Review of Anthropology* 13: 157-185.

White, B. , S. M. Borras Jr, R. Hall, I. Scoones and W. Wolford. 2012. "The New Enclosures: Critical Perspectives on Corporate Land Deals. " *The Journal of Peasant Studies* 39, 3-4: 619-647.

White, H. 2002. "Combining Quantitative and Qualitative Approaches in Poverty Analysis. " *World Development* 30, 3: 511-522.

White, S. , and M. Ellison. 2007. "Wellbeing, Livelihoods and Resources in Social Practice. " In I. Gough and J. A McGregor (eds.). *Wellbeing in Developing Countries: New Approaches and Research Strategies.* Cambridge: Cambridge University Press.

White, S. C. 2010. "Analysing Wellbeing: A Framework for Development Practice. " *Development in Practice* 20, 2: 158-172.

Whitehead, A. 2002. "Tracking Livelihood Change: Theoretical, Methodological and Empirical Perspectives from North-East Ghana. "*Journal of Southern African Studies* 28, 3: 575-598.

—. 2006. "Persistent Poverty in North East Ghana. " *Journal of Development Studies* 42, 2: 278-300.

Wiggins, S. 2000. "Interpreting Changes from the 1970s to the 1990s in African Agriculture through Village Studies. " *World Development* 22, 4: 631-662.

Wilkinson, R. , and K. Pickett. 2010. *The Spirit Level: Why Equality Is Better for Everyone.* London: Penguin.

Williamson, O. E. 2000. "The New Institutional Economics: Taking Stock, Looking Ahead. "*Journal of Economic Literature* 38, 3: 595-613.

Wilshusen, P. R. 2014. "Capitalizing Conservation/Development: Misrecognition and the Erasure of Power. " In B. Büscher, R. Fletcher and W. Dressler (eds.). *Nature TM Inc?* Questioning the Market Panacea in Environmental Policy and Conservation. Tucson: University of Arizona Press.

Wisner, B. 1988. Power and Need in Africa: Basic Human Needs and Development Policies. London: Earthscan.

Wolford, W. , S. M. Borras, R. Hall, I. Scoones and B. White. 2013. "Governing Global Land Deals: The Role of the State in the Rush for Land. " Development and Change 44, 2: 189-210.

Ye, J. Z. , and L. Pan. 2011. "Differentiated Childhoods: Impacts of Rural Labour Migration on Left-behind Children in China. " The Journal of Peasant Studies 38, 2: 355-377.

Ye, J. Z. , Y. Wang and N. Long. 2009. "Farmer Initiatives and Livelihood Diversification: From the Collective to a Market Economy in Rural China. " Journal of Agrarian Change 9, 2: 175-203.

Zimmerer, K. S. 1994. "Human Geography and the ' New Ecology' : The Prospect and Promise of Integration. " Annals of the Association of American Geographers 84, 1: 108-125.

Zimmerer, K. H. , and T. J. Bassett. 2003. Political Ecology: An Integrative Approach to Geography and Environment-Development Studies. New York: Guilford Press.

术语表

accumulating from below　自下而上的积累

accumulation by conservation　保护式积累

accumulation by dispossession　剥夺式积累

actor-oriented approach　以行动者为导向的研究方法

agonistic politics　抗争性政治

agrarian change　农政变迁

anti-politics machine　反政治机器

asset pentagon　资产五边形

Battle of Seattle　西雅图运动

Better Life Index　美好生活指数

bottom billion　最底层的十亿人

boundary term　边界术语

bring politics back in　找回政治

capabilities approach　可行能力方法

chronic poverty　长期贫困

class of labour　劳工阶级

community of practice　实践共同体

coping strategy 应对策略

cultural capital　文化资本

customary law　习惯法

decent work　体面劳动

deliberative democracy　协商民主

democratization of democracy　民主的民主化

Department for International Development　国际发展署（英国）
　（简称 DfID）

disaster assessment 灾害评估

disciplinary silo　学科壁垒

double movement　双重运动

Economic and Social Research Council 经济与社会研究委员会
　（英国）（简称 ESRC）

emotional geography　情感地理学

environmental entitlement　环境权利

family farm　家庭农场

farmer first　农民为先

farmer participatory research　农民参与式研究

farming systems research　农事系统研究

fictitious commodity　虚拟商品

food sovereignty　食物主权

Foreign Policy　《外交政策》

fortress conservation　堡垒式保护

forum shopping　挑选法院

free marketeer　市场自由主义者

Future Agricultures Consortium　未来农业联盟

game theory　博弈理论、博弈论

Gini coefficient　基尼系数

green economy　绿色经济

Green Revolution　绿色革命

gross domestic product　国内生产总值（简称 GDP）

grounded theory　扎根理论

household economy approach　家庭经济法（简称 HEA）

household registration system　户籍制度

household responsibility system　家庭联产承包责任制

Human Development Index　人类发展指数（简称 HDI）

ideal type　理想类型、理想型

indigenous knowledge　乡土知识

Institute of Development Studies　发展研究所（简称 IDS）

interface analysis　界面分析

International Crops Research Institute for the Semi-Arid Tropics　国
际半干旱热带作物研究所（简称 ICRISAT）

International Institute for Environment and Development　国际环
境与发展研究所（简称 IIED）

International Institute for Sustainable Development　国际可持续发
展研究所

labour regime　劳动体制

labouring population　劳工群体

Land Deal Politics Initiative　土地交易政治研究网络（简称 LDPI）

land grab　土地攫取

legal pluralism　法律多元主义

liberation theology　解放神学

life history　生活史

livelihood adaptation　生计适应

livelihood outcome　生计结果

livelihood vulnerability　生计脆弱性

living standard survey　生活水平调查

Living Standards Measurement Study　生活水平测量调查（简称
LSMS）

middle peasant　中农

multidimensional poverty index　多维贫困指数（简称 MPI）

multiple determinations　复合的规定

natural capital 自然资本

neo-patrimonial system 新宗法体系

new institutional economics 新制度经济学

new tyranny 新暴政

normal science 常规科学

Overseas Development Institute 海外发展研究所

paradigm shift 范式转变

Participate Initiative 参与倡议

participatory action research 参与式行动研究

participatory learning and action 参与式学习与行动

partisan-free democracy 无党派民主

passionate detachment 激情的疏离

planetary boundaries 地球限度

participatory rural appraisal 参与式农村评估（简称 PRA）

participatory technology development 参与式技术开发

policy narrative 政策叙事

policy space 政策空间

political capital 政治资本

political ecology 政治生态学

political economy 政治经济学

politics of recognition 承认的政治

post-political 后政治

poverty assessment 贫困评估

poverty line 贫困线

poverty reduction strategy paper 《减贫战略文件》

practical political economy 实践政治经济学

primitive accumulation 原始积累

principle of triangulation 三角测量原理

purchasing power　购买力平价（简称 PPP）

putting the last first　以末为先

quantitative modelling　定量建模

rapid rural appraisal　快速农村评估（简称 RRA）

recursive relationship　递归关系

Reducing Emissions from Deforestation and Forest Degradation　减少森林砍伐和森林退化的碳排放（简称 REDD）

rights-based approach　以权利为基础的方法

Rhodes-Livingstone Institute　罗德斯-利文斯通研究所

safe operating space for humanity　人类安全活动空间

Sarkozy Commission　萨科齐委员会

Santa Fe Institute　圣菲研究所

Save the Children UK　英国救助儿童会

semi-peasant　半务农者、半农

semi-peasantry　半农

semi-proletarianization　半无产阶级化

social capital　社会资本

social differentiation　社会分化

social fact　社会事实

social justice　社会公正

Society for International Development　国际发展学会

sustainable livelihoods　可持续生计

sustainable livelihoods approach　可持续生计方法（简称 SLA）

Sustainable Livelihoods Framework　可持续生计框架

theory of access　获取理论

tragedy of the commons　公地悲剧

transition town　转型城镇

voices of the poor　倾听穷人的声音

vulnerability assessment 脆弱性评估

Washington Consensus 华盛顿共识

wealth ranking 贫富排序

word cloud 词云

worker-peasant household 工农家庭

World Social Forum 世界社会论坛

World Summit for Social Development 社会发展世界峰会

zero growth 零增长

人名表

Adams, William M.　威廉·M.亚当斯

Alkire, Sabina　萨比娜·阿尔基尔

Bailey, Sinéad　西尼德·贝利

Bassett, Thomas J.　托马斯·J.巴西特

Batterbury, Simon　西蒙·巴特伯里

Baulch, Bob　鲍勃·鲍奇

Bebbington, Anthony　安东尼·贝宾顿

Beck, Tony　托尼·贝克

Bentham, Jeremy　杰里米·边沁

Bernstein, Henry　亨利·伯恩斯坦

Berry, Sara　萨拉·贝里

Blaikie, Piers　皮尔斯·布莱基

Booth, Charles　查尔斯·布思

Borras, Saturnino　萨图尼诺·博拉斯

Boserup, Ester　埃丝特·博斯拉普

Bourdieu, Pierre　皮埃尔·布迪厄

Brock, Karen　卡伦·布罗克

Brookfield, Harold　哈罗德·布鲁克菲尔德

Bryant, Raymond L.　雷蒙德·L.布赖恩特

Carney, Diana　黛安娜·卡尼

Carswell, Grace 格雷丝·卡斯韦尔

Catley, Andy 安迪·卡特利

Chambers, Robert 罗伯特·钱伯斯

Clay, Edward 爱德华·克莱

Cleaver, Frances 弗朗西丝·克利弗

Cobbett, William 威廉·科贝特

Collier, Paul 保罗·科利尔

Colque, Gonzalo 贡萨洛·科尔克

Conway, Gordon 戈登·康韦

Corrado, Alessandra 亚历山德拉·科拉多

Coulibaly, N'Golo 恩戈洛·库利巴利

Cousins, Ben 本·卡曾斯

Crow, Ben 本·克罗

Davies, Susanna 苏珊娜·戴维斯

Davis, Peter 彼得·戴维斯

Dorward, Andrew 安德鲁·多沃德

Ehrlich, Anne 安妮·艾里奇

Ehrlich, Paul 保罗·艾里奇

Ellis, Frank 弗兰克·埃利斯

Fairhead, James 詹姆斯·费尔黑德

Forsyth, Tim 蒂姆·福赛思

Foucault, Michel 米歇尔·福柯

Francis, Elizabeth 伊丽莎白·弗朗西斯

Fernandes, Bernardo Mançano 贝尔纳多·曼卡诺·费尔南德斯

Fraser, Nancy　南茜·弗雷泽

Freire, Paulo　保罗·弗莱雷

Gichuki, Francis　弗朗西斯·吉丘基

Hall, Derek　德里克·霍尔

Hall, Ruth　露丝·霍尔

Hardin, Garrett　加勒特·哈丁

Hirsch, Phillip　菲利普·赫希

Homewood, Katherine　凯瑟琳·霍姆伍德

Iturbe, Xarles　哈尔莱斯·伊图尔韦

Jackson, Tim　蒂姆·杰克逊

Jakimow, Tanya　塔尼娅·亚基莫

Jodha, N. S.　N. S. 乔达

Johnson, Hazel　黑兹尔·约翰逊

Kabeer, Naila　娜伊拉·卡比尔

Kautsky, Karl　卡尔·考茨基

Keeley, James　詹姆斯·基利

Kuhn, Thomas　托马斯·库恩

Leach, Melissa　梅利莎·利奇

Li, Tania　塔妮娅·李

Lind, Jeremy　杰里米·林德

Long, Norman　诺曼·龙

Lund, Christian　克里斯蒂安·伦德

Malthus, Thomas　托马斯·马尔萨斯

Marx, Karl　卡尔·马克思

Mavedzenge, B. Z.　B. Z. 马韦曾格

McMichael, Philip　菲利普·麦克迈克尔

McMurray, Nicole　妮可·麦克默里

Mearns, Robin　罗宾·默恩斯

Mehta, Lyla　莱拉·梅塔

Mill, John Stuart　约翰·斯图亚特·穆勒

Mortimore, Michael　迈克尔·莫蒂莫尔

Mosse, David　戴维·莫斯

Mouffe, Chantal　尚塔尔·墨菲

Murimbarimba, Felix　费利克斯·穆林巴林巴

Mushongah, Josphat　若斯法特·穆雄加

Netting, Robert　罗伯特·内廷

Nikulin, Alexander　亚历山大·尼库林

North, Douglass　道格拉斯·诺斯

Nussbaum, Martha　玛莎·努斯鲍姆

O'Laughlin, Bridget　布里奇特·奥劳克林

Oström, Elinor　埃莉诺·奥斯特罗姆

Peluso, Nancy　南希·佩卢索

Peet, Richard　理查德·皮特

Pickett, Kate　凯特·皮克特

Polanyi, Karl　卡尔·波兰尼

Rappaport, Roy A.　罗伊·A. 拉帕波特

Ravallion, Martin　马丁·拉瓦雷

Rawls, John　约翰·罗尔斯

Reij, Chris　克里斯·赖

Ribot, Jesse　杰西·里博

Richards, Paul　保罗·理查兹

Robbins, Paul　保罗·罗宾斯

Rockström, Johan　约翰·罗克斯特伦

Rodríguez, Iokiñe　约金·罗德里格斯

Roe, Emery　埃默里·罗

Rowntree, Seebohm　西博姆·朗特里

Sandbrook, Richard　理查德·桑德布鲁克

Savitri, Laksmi　拉克希米·莎维德丽

Scarry, Richard　理查德·斯凯瑞

Schaffer, Bernard　伯纳德·谢弗

Schneider, Sergio　塞尔吉奥·施奈德

Scoones, Ian　伊恩·斯库恩斯

Scott, James　詹姆斯·斯科特

Sen, Amartya　阿玛蒂亚·森

Shah, Esha　埃沙·沙阿

Shanin, Teodor　提奥多·沙宁

Shankland, Alex　亚历克斯·尚克兰

Short, Clare　克莱尔·肖特

Spoor, Max　马克斯·斯波尔

Stiglitz, Joseph　约瑟夫·斯蒂格利茨

Stirling, Andy　安迪·斯特林

Sultana, Farhana　法尔哈纳·苏丹娜

Swaminathan, M. S.　M. S. 斯瓦米纳坦

Swift, Jeremy　杰里米·斯威夫特

Thompson, John　约翰·汤普森

Tiffen, Mary　玛丽·蒂芬

Vaddhanaphuti, Chayan　查央·瓦达纳普提

van der Ploeg, Jan Douwe　扬·杜威·范德普勒格

Veltmeyer, Henry　亨利·费尔特迈尔

Watts, Michael　迈克尔·沃茨

Wiggins, Steve　史蒂夫·威金斯

Wilkinson, Richard　理查德·威尔金森

Wise, Raúl Delgado　劳尔·德尔加多·怀斯

Wolmer, William　威廉·沃尔默

Zimmerer, Karl　卡尔·齐默勒

图书在版编目(CIP)数据

可持续生计与乡村发展 /（英）伊恩·斯库恩斯
（Ian Scoones）著；陆继霞译；叶敬忠译校 . --北京：
社会科学文献出版社，2024.8. --（农政与发展研究丛
书）. --ISBN 978-7-5228-4008-6

Ⅰ . F30

中国国家版本馆 CIP 数据核字第 20246K9H78 号

农政与发展研究丛书
可持续生计与乡村发展

著　　者 /	〔英〕伊恩·斯库恩斯 （Ian Scoones）
译　　者 /	陆继霞
译　　校 /	叶敬忠

出 版 人 /	冀祥德
责任编辑 /	韩莹莹
责任印制 /	王京美

出　　　版 /	社会科学文献出版社·人文分社（010）59367215
	地址：北京市北三环中路甲 29 号院华龙大厦　邮编：100029
	网址：www.ssap.com.cn
发　　　行 /	社会科学文献出版社（010）59367028
印　　　装 /	三河市东方印刷有限公司

规　　　格 /	开本：889mm×1194mm　1/32
	印张：7.625　字数：140 千字
版　　　次 /	2024 年 8 月第 1 版　2024 年 8 月第 1 次印刷
书　　　号 /	ISBN 978-7-5228-4008-6
著作权合同登 记 号 /	图字 01-2024-3949 号
定　　　价 /	68.00 元

读者服务电话：4008918866

🅐 版权所有 翻印必究